Elisa Frei, Martina Gugglberger, Alexandra Wachter

Widerstand und Zivilcourage

Frauen in Oberösterreich
gegen das NS-Regime 1938–1945

Herausgegeben von der Direktion
Kultur und Gesellschaft, Abteilung Kultur &
dem Oberösterreichischen Landesarchiv

ISBN 978-3-902801-42-5
Grafische Gestaltung: seite zwei, Wien
Umschlagmotiv: Olga Gribkowa (r.) in Steyr, 1944 © Olga Borjaschynowa
Herstellung: Gutenberg-Werbering Gesellschaft m.b.H

Elisa Frei, Martina Gugglberger, Alexandra Wachter

Widerstand und Zivilcourage

Frauen in Oberösterreich gegen das NS-Regime 1938–1945

OÖLA

Linz 2021

Maria Schatz →112

Aloisia Hofinger →68

Theresia Pfarrwallner →69

Ida Revertera →95

Maria Moser →39

Resi Pesendorfer →44, 88

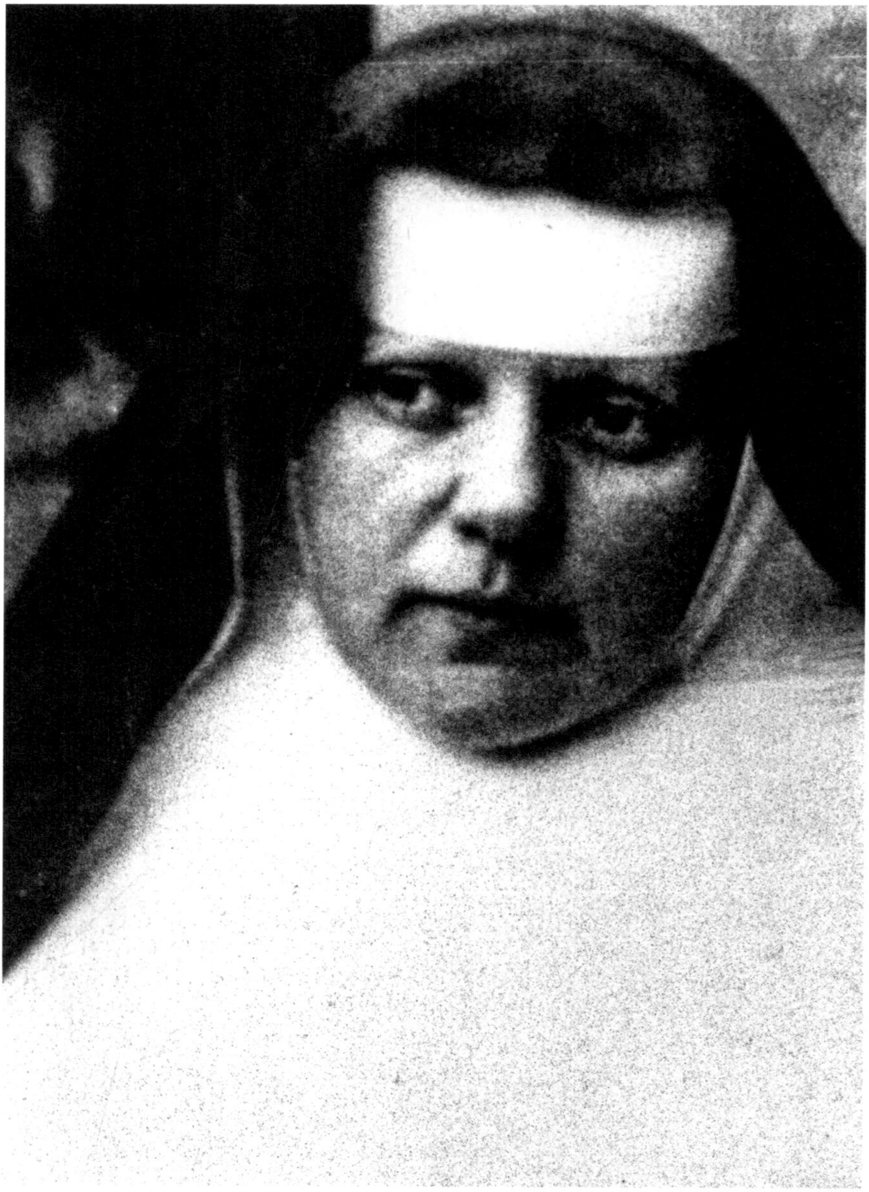

Margarethe Smolan →72

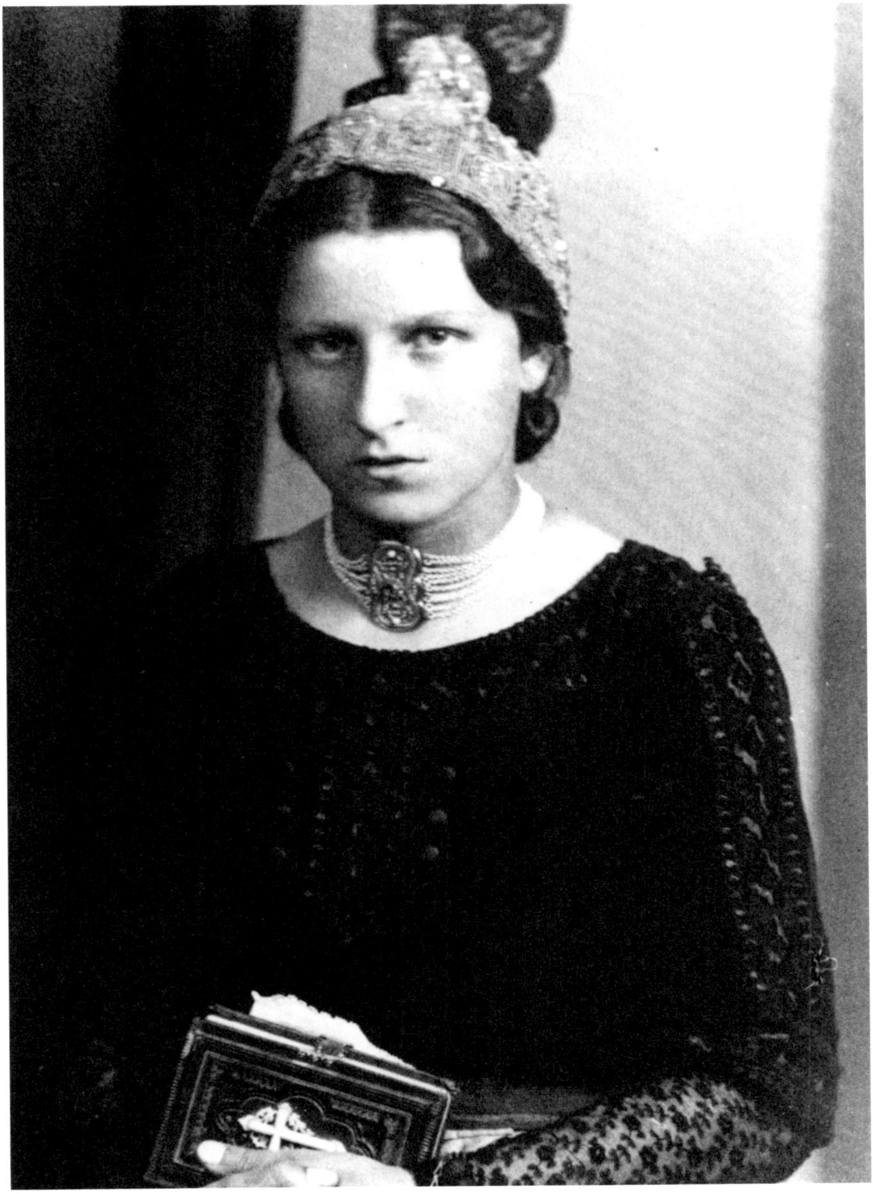

Anna Strasser →32

Paula Mitterhauser →65

Theresia Reindl →84

Gisela Tschofenig →38, 45, 86

Sophie Emmer →47

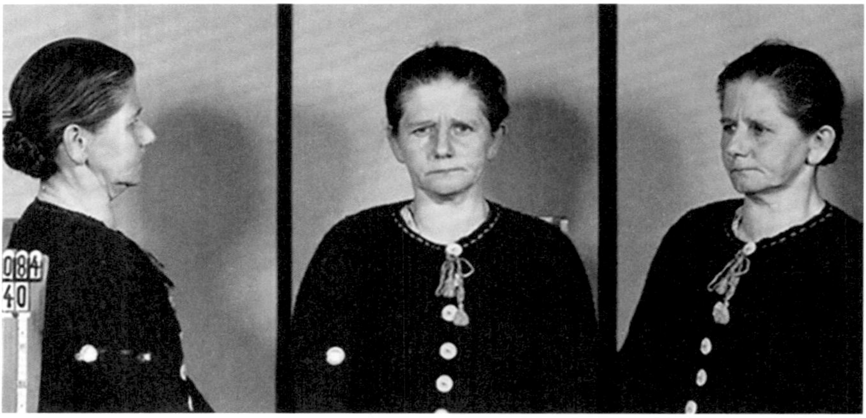

Theresia Mattischek →107

Maria Ehmer → 82, 126

Oberösterreich – Oberdonau
Die heutigen politischen Bezirke und Grenzen Oberösterreichs decken sich nicht mit jenen der NS-Zeit. Mitte Oktober 1938 wurden aus den 15 Verwaltungsbezirken die zwei Stadtkreise Linz und Steyr sowie 13 Landkreise gebildet. Außerdem wurden zwei neue Bezirke im annektierten Südböhmen (Kaplice/Kaplitz und Český Krumlov/Krumau), Gebiete um Steyr und ein Teil des Ausseerlandes eingegliedert. 1939 wurde das so vergrößerte und umstrukturierte Bundesland in „Oberdonau" umbenannt.

Krumau
(Český Krumlov)
Kaplitz
(Kaplice)
Tschechien
Anna Kamisch ↳ 105
Ida Revertera ↳ 95
Josephine Revertera ↳ 95
Maria Hermentin ↳ 97
Herta Reicher ↳ 96
Berta Machat ↳ 96
Liselotte Leithenmair ↳ 96
Rohrbach
Maria S. ↳ 67
Anna M. ↳ 66
Anna Pum ↳ 96
Freistadt
Elisabeth Aigner ↳ 96
Hermine Lindorfer ↳ 55
Maria Huemer ↳ 60
Rosa Rinner ↳ 96
Walpurga Katzensteiner ↳ 96
Rosa Turek ↳ 96
Klara Kittinger ↳ 96
Urfahr-Umgebung
Anna Königsecker ↳ 48, 96
Karoline Zemann ↳ 96
Franziska Karl ↳ 75
Aloisia Hofinger ↳ 68
Johanna Pichler ↳ 66
Maria Langthaler ↳ 43, 73, 122
Pauline Uttenthaler ↳ 76
Anna Hackl ↳ 122
Esther Feinkoch ↳ 112
Perg
Eferding
Linz Stadt
Anna Salzbacher ↳ 96
Margarete Rametsteiner ↳ 102
Maria Schatz ↳ 112
Anna Herlitz ↳ 59
Katharina Kaiser ↳ 62
Anna Strasser ↳ 32
Cäcilia Fischill ↳ 42
Wels Stadt
DONAU
Anna Zötl ↳ 105
Linz-Land
Maria Berger ↳ 105
Niederösterreich
Wels-Land
Theresia Höllermann ↳ 40
Steyr Stadt
Anni Stadtegger ↳ 104
Herta Schweiger ↳ 83
Steyr-Land
Sophie P. ↳ 66
Zäzilia Hauser ↳ 106
Paula Mitterhauser ↳ 65
Maria Dürnberger ↳ 106
Sophie Emmer ↳ 47
Maria Mitterhauser ↳ 65
Cäcilia Mollnhuber ↳ 106
Maria Mittenhuber ↳ 106
Elisabeth R. ↳ 69, 128
Olga Gribkowa ↳ 116
Anna Fränkel ↳ 114
Kirchdorf
Gertrude Wampl ↳ 74
Maria Hehenberger ↳ 88
Frieda Buchacher ↳ 89, 125
Leni Egger ↳ 92
Linz Stadt
Ida Blutreich ↳ 114
Camilla Estermann ↳ 71
Hermine Lohninger ↳ 63
Theresia Reindl ↳ 84
Marianne Feldhammer ↳ 92
Margarethe Müller ↳ 84
Maria Pötscher ↳ 59
Monika Taylor ↳ 112
Steiermark
Rosa Pfaffenbichler ↳ 105
Edith Hauer-Frischmuth ↳ 112
Rosa Kerndlbacher ↳ 113
Anna Riedl ↳ 63
Gisela Tschofenig ↳ 38, 45, 86
Gertrude Grillmayr ↳ 87
Friederike Spitz ↳ 111
Margarethe Smolan ↳ 72
Gerty Schindel ↳ 117
Rosa Bilek ↳ 61
Cäcilia Zinner ↳ 87

Vorwort

Oberösterreich ist sich seiner Geschichte in all ihren Facetten bewusst. Wir wissen, dass nur wer seine Vergangenheit kennt, Gegenwart bewusst gestalten kann. Deshalb ist es wichtig, einerseits die großen Leitlinien nachhaltig prägender historischer Ereignisse präsent zu halten, andererseits die vielschichtigen, nicht primär im Fokus des öffentlichen Interesses stehenden Entwicklungen zu erforschen und zu dokumentieren.

2015 hat sich der Untergang des nationalsozialistischen Terrorregimes zum 70sten Mal gejährt. Oberösterreich hat dieses Gedenkjahr als Anlass gesehen, sich mit den dunklen Kapiteln seiner Vergangenheit eingehend auseinanderzusetzen. Im Vorfeld dieses Gedenkjahres hat 2014 der Klub der Sozialdemokratischen Partei im Oö. Landtag einen Antrag auf die Errichtung eines Denkmals für Widerstandskämpferinnen in der Zeit von 1933 bis 1945 eingebracht.

Dieser Antrag war Anlass für ein umfangreiches Forschungsprojekt, das vom Kulturausschuss des Oö. Landtags intensiv begleitet wurde. In einem breiten Diskussionsprozess mit Wissenschaftler/innen und Kulturschaffenden haben sich alle im Oö. Landtag vertretenen Parteien darauf verständigt, einerseits ein Denkmal im Bereich des Oö. Kulturquartiers in Linz zu initiieren, andererseits die bisher kaum dokumentierte Widerstandsarbeit von Frauen in der NS-Zeit wissenschaftlich zu erforschen.

Die Dimension dieses Projektes ist beispielgebend. Sie verknüpft aktuelle historische Forschungen mit neuen Wegen künstlerischer Interpretationen auf Basis des aktuellen Denkmaldiskurses. Die vorliegende Publikation dokumentiert die historischen Forschungsergebnisse und zeigt, wie vielfältig Frauen Widerstand in der NS-Zeit geleistet haben. Damit werden nicht nur Frauen und ihre Lebenssituationen im historischen Kontext sichtbar gemacht, sondern auch die Wichtigkeit von demokratiepolitischen Überzeugungen bzw. Werten wie Zivilcourage, Solidarität und Mitmenschlichkeit in den Vordergrund gerückt.

Es ist dem Land Oberösterreich ein großes Anliegen, dass diese Publikation breite Aufmerksamkeit findet. Ich danke allen, die an der Umsetzung dieses Projektes mitgearbeitet haben, vor allem dem wissenschaftlichen Team rund um Frau Assoz. Univ.Prof.in Dr.in Martina Gugglberger für die engagierte Forschungsarbeit.

Mag. Thomas Stelzer
Landeshauptmann

Anmerkungen der Autorinnen

Das vorliegende Buch würdigt Frauen, die sich dem nationalsozialistischen Regime, aber auch dessen Anweisungen oder Vorschriften auf verschiedene Art und Weise widersetzt haben. Die Informationen zu ihren Schicksalen konnten wir über Archive, Interviews, Publikationen und Filme beziehen. Wir haben uns dazu entschlossen, die vollen Namen zu verwenden, die die Frauen zur Zeit des Nationalsozialismus trugen. Damit wollen wir dazu beitragen, sie und ihre Handlungen, die lange Zeit kaum Beachtung fanden, sichtbar zu machen. Eine Ausnahme bilden Frauen, die wegen Beziehungen zu Zwangsarbeitern oder Kriegsgefangenen verfolgt und stigmatisiert wurden. Um ihre Privatsphäre und die ihrer Nachkommen zu schützen, haben wir ihre Namen anonymisiert, außer, wenn der Name bereits aus anderen Publikationen bekannt war.

Ausdrücke, die auf das NS-Regime zurückgehen, spiegeln oft dessen menschenverachtende Ideologie und Propaganda wider und sind deshalb durch Anführungszeichen gekennzeichnet, zum Beispiel „arisch", „Volksgemeinschaft" oder „Feindsender". Auch Kategorisierungen von Personen beispielsweise als „Jüdin" oder „Jude" stellten eine Fremdzuschreibung des NS-Regimes dar und waren Grundlage für die systematische Diskriminierung, Ausgrenzung und Verfolgung. Diese Bezeichnungen stimmten nicht unbedingt mit dem Selbstverständnis der jeweiligen Person überein, weshalb sie ebenfalls in Anführungszeichen stehen, wenn es sich eindeutig um eine nationalsozialistische Zuschreibung handelt. In allgemeineren Formulierungen wie „jüdische Bevölkerung" oder „Jüdinnen und Juden" haben wir für die bessere Lesbarkeit darauf verzichtet.

Im Text werden Asteriske, auch Gendersternchen genannt, als Ausdruck einer inklusiven gendersensiblen Sprache verwendet. Dies entspricht auch den Richtlinien des Landes Oberösterreich.

Elisa Frei, Martina Gugglberger, Alexandra Wachter

Einleitung

Historische Aufnahmen vom Einmarsch Adolf Hitlers in Oberösterreich am 12. März 1938 zeigen begeisterte Menschenmassen, unter ihnen auch sehr viele Frauen, die dem „Führer" zujubeln.[1] Ein Großteil der Menschen in Österreich begrüßte die nationalsozialistische Machtübernahme oder billigte stillschweigend das neue Regime. Hitlers Pläne, die Landeshauptstadt Linz zu einer privilegierten „Führerstadt" und zu einem zentralen Industriestandort auszubauen, ließen das NS-Regime insbesondere für Oberösterreich attraktiv erscheinen. Die menschenverachtende Ideologie des Nationalsozialismus, die zahlreiche Menschen diskriminierte und verfolgte, wurde angesichts

dieser Versprechungen vielfach ausgeblendet oder bereitwillig mitgetragen. Auch zahlreiche Frauen waren aktive Anhängerinnen des NS-Regimes, etliche an dessen Verbrechen beteiligt.

Am 13. März 1938 beschloss die neu eingesetzte nationalsozialistische Regierung das Bundesverfassungsgesetz über die Wiedervereinigung Österreichs mit dem Deutschen Reich.[2] Damit traten auch in Österreich jene Gesetze in Kraft, auf deren Grundlage in Deutschland bereits seit 1933 politische Gegner*innen und als „minderwertig" kategorisierte Menschen ausgegrenzt und verfolgt wurden. Die ersten Verhaftungswellen von Sozialdemokrat*innen, Kommu-

ABB.1 Auch Frauen waren Teil der jubelnden Menschenmenge am Linzer Hauptplatz, als Adolf Hitler am 12. März 1938 in die oberösterreichische Landeshauptstadt einmarschierte.

nist*innen und Vertreter*innen des aufgelösten *„Ständestaats“* ↓ setzten unmittelbar nach dem „Anschluss“ ein, Jüdinnen und Juden wurden Opfer von sogenanntem „spontanen“ Antisemitismus. Sie wurden von NSDAP-Mitgliedern und unter dem Jubel oder der stummen Billigung der Bevölkerung nicht nur gedemütigt und misshandelt, sondern auch beraubt. Oberösterreich unter Gauleiter August Eigruber, der bereits die illegale Nationalsozialistische Deutsche Arbeiterpartei (NSDAP) im Bundesland angeführt hatte, war hier keine Ausnahme. In Linz wurden bereits am 12. März 1938 jüdische Geschäftsleute verhaftet.[3]

Dem gegenüber stand eine Minderheit der NS-Ideologie aufgrund ihrer politischen, religiösen oder weltanschaulichen Sozialisation ablehnend gegenüber. Bei anderen wich die anfängliche Begeisterung mit den Entbehrungen und persönlichen Verlusten, die der Krieg ab 1939 zunehmend brachte. Menschen, die an Werten wie Nächstenliebe festhielten, die Gesetze des NS-Regimes in ihrem täglichen Leben umgingen oder sich gemeinsam mit anderen für einen Systemwechsel einsetzten, leisteten Widerstand gegen den Nationalsozialismus. Frauen waren auch in Oberösterreich an allen Formen dieses Widerstands beteiligt.

Was ist Widerstand?

Es gibt zahlreiche Ansätze, widerständisches Handeln zu definieren. Zuerst einmal ist Widerstand – laut „Duden“ – physikalisch gesprochen „Druck, Kraft, die der Bewegung eines Körpers entgegenwirkt“.[4] In dieser Definition kommt zum Ausdruck, dass Widerstand bedeutet, Energie aufzubringen, um gegen jemanden oder etwas aufzutreten, statt mit der Menge mitzuschwimmen und sich einer gegebenen Ordnung zu fügen. Oft richten sich widerständische Handlungen gegen ein konkretes politisches System, die Maßnahmen einer Regierung oder eine herrschende Ideologie. Dabei muss klar zwischen legalen Formen von Protest in Demokratien wie im heutigen Österreich und Widerstand in autoritären oder totalitären Systemen unterschieden werden.

Als sich im Februar 2000 mehrere hunderttausend Menschen auf dem Heldenplatz in Wien versammelten und in Sprechchören

„Ständestaat“ ist die zeitgenössische Bezeichnung für die Diktatur, die nach der Ausschaltung des österreichischen Parlaments durch Bundeskanzler Engelbert Dollfuß 1933 installiert, und ab 1934 von Kurt Schuschnigg angeführt wurde. Sie wird auch als „Austrofaschismus“ und „Dollfuß-Schuschnigg-Diktatur“ bezeichnet. Politische Gegner*innen wurden verfolgt und interniert.

„Widerstand“ riefen, richtete sich ihr Protest gegen die Regierungsbeteiligung einer Partei, die die Ideale des Nationalsozialismus nicht entschieden genug abgelehnt hatte. Die Teilnehmenden mussten dabei nicht fürchten, politisch verfolgt, gefoltert oder sogar ermordet zu werden, denn das Recht auf freie Meinungsäußerung und das Demonstrationsrecht sind in der aktuellen österreichischen Verfassung verankert.

Im Gegensatz dazu wird in autoritären oder totalitären Regimen in der Regel jede Form von Widerspruch und nicht konformem Verhalten kriminalisiert und somit unter Strafe gestellt. Nicht immer hat Widerstand gegen politische Verhältnisse das Ziel, eine Regierung zu stürzen, und nicht immer ist er organisiert. Je nachdem, welche Definition von Widerstand angewandt wird, kann er viele Formen annehmen, verschiedene Ziele verfolgen, von langer Hand geplant oder impulsiv sein. Dies trifft in besonderem Maße auf weiblichen Widerstand zu. Jene Frauen, die unter dem NS-Regime in Oberösterreich Widerstand leisteten und denen in Linz nach langen Diskussionen 2022 ein Denkmal gesetzt wurde, kamen aus allen sozialen Verhältnissen, hatten unterschiedliche religiöse und weltanschauliche Ansichten, verfolgten politische Ziele oder handelten spontan und oft auch alleine. Allen gemeinsam aber ist ihnen, dass sie durch ihr Handeln – manchmal auch die Verweigerung von Handlungen – ein wichtiges Zeichen gegen das Unrechtsregime des „Dritten Reichs“ setzten und dabei ein beträchtliches Risiko eingingen.

Widerstand gegen den Nationalsozialismus wurde im deutschsprachigen Raum bis in die 1960er-Jahre in erster Linie als organisierter militärischer oder politischer Widerstand definiert.[5] In noch strengerer Auslegung wurden als „echte Widerstandskämpfer“ sogar nur jene anerkannt, die einen Sturz des Regimes anstrebten, wie dies etwa beim Attentat auf Adolf Hitler vom *20. Juli 1944* ↓ der Fall war.[6] Handlungen, die nicht in dieses enge Raster passten oder anonym im Hintergrund passierten, wurde demnach weder erforscht noch gewürdigt – das heißt, an diese Personen, die mitunter ihr Leben, ihre Freiheit, ihre Gesundheit oder ihren Besitz verloren, wurde nicht erinnert. Gerade dem Handeln von Frauen, die gemäß den traditionellen Geschlechterrollen nur selten als Anführerinnen auftraten und vielmehr im Hintergrund agierten, wurde somit lange Zeit wenig Beachtung geschenkt. Dies wirkte sich auch auf die Frauen

Am *20. Juli 1944* verübte Claus Schenk Graf von Stauffenberg im Führerhauptquartier „Wolfsschanze“ ein Attentat auf Adolf Hitler, das einen Machtwechsel herbeiführen sollte. Der Staatsstreich wurde von Vertretern der Wehrmacht, der Verwaltung und des Adels geplant bzw. unterstützt. Hitler überlebte das Attentat leicht verletzt, in Folge wurden rund 200 Personen hingerichtet oder in den Tod getrieben.

selbst aus: Manche sahen sich nicht als Widerstandskämpferinnen und schwiegen über ihre Erfahrungen. Zum Teil, weil sich niemand für ihre Geschichte interessierte, manchmal aber auch aus Scham, weil es im Österreich der Nachkriegszeit nicht selten vorkam, dass widerständiges Handeln, wie etwa das Zustecken von Lebensmitteln an Kriegsgefangene, weiterhin negativ beurteilt wurde.

Widerstandshandlungen von Frauen sind außerdem kaum durch Schriftstücke dokumentiert. Für sie trifft noch viel stärker zu, was ein generelles Problem der Geschichtsschreibung von Widerstand ist: Widerstandsgruppen handelten im Untergrund und versuchten möglichst wenige schriftliche Spuren zu hinterlassen, das macht die Erforschung oft sehr schwierig. Vielfach müssen Historiker*innen auf Quellen zurückgreifen, die bspw. von der Geheimen Staatspolizei, NS-Gerichten oder der Polizei erstellt wurden. Diese Dokumente geben jedoch die Sichtweise des NS-Regimes und seines Verfolgungsapparats wieder. Frauen wurden von den Beamten meist als politisch unverdächtiger, leicht beeinflussbar und weniger aktiv eingeschätzt.[7] Diese Zuschreibungen machten Frauen sich erfolgreich zur Tarnung oder Verteidigung ihres Handelns zunutze, in den Akten finden sich aber zu den spezifischen Strategien und der Bedeutung von Widerstandskämpferinnen kaum Anhaltspunkte.

Erst in den 1970er- und 1980er-Jahren wurde der sehr eng gefasste Widerstandsbegriff in Frage gestellt und von Historiker*innen diskutiert. Neue Definitionen von Widerstand und alternative Forschungsmethoden weiteten den Blick auf bisher nicht beachtete Personengruppen. Wissenschafter*innen begannen unter anderem *Oral History* ↓-Interviews zu führen, die Geschichten von Frauen im Widerstand aufzuzeichnen und zu veröffentlichen. Diese Publikationen und auch Filme gaben den Frauen eine Stimme und ein Gesicht. Sie brachten Geschichten ans Licht, die manche der Betroffenen bis dahin – wenn überhaupt – nur einem engen Familien- oder Freundeskreis anvertraut hatten. Ein frühes und wichtiges Beispiel dafür sind die Interviews, die Karin Berger und ihre Kolleginnen führten und 1988 unter dem Titel „Der Himmel ist blau. Kann sein“[8] veröffentlichten. Vier der Interviews – mit Rosl Grossmann-Breuer, Anni Haider, Agnes Primocic und Johanna Sadolschek-Zala – sind zudem in dem Dokumentarfilm „Küchengespräche mit Rebellinnen“[9] festgehalten.

Oral History ist eine geschichtswissenschaftliche Methode, die mündliche Erzählungen von Zeitzeug*innen aufzeichnet und auswertet. Erlebnisse von Einzelnen, aber auch das Alltags- und Privatleben von Menschen in der Vergangenheit können so erforscht werden. Dabei geht es weniger um die Rekonstruktion historischer Ereignisse als um die Untersuchung, wie Menschen historische Erlebnisse verarbeiten und deuten. Oral History ist ein zentrales Instrument der historischen Frauenforschung.

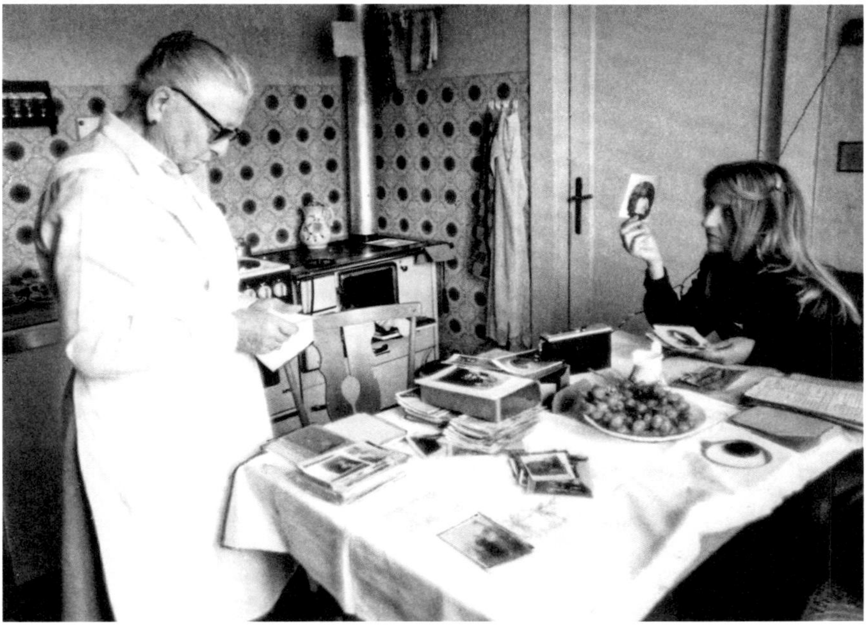

Die Geschichten der Zeitzeuginnen wurden im Buch „Der Himmel ist blau" nicht anhand wissenschaftlicher Begriffsdefinitionen, sondern anhand konkreter Handlungen kategorisiert. Tatsächlich kann sich Widerstand in vielen verschiedenen großen und kleinen Handlungen, Gesten und auch in passivem Verhalten zeigen, vom Verweigern des Hitlergrußes bis hin zu einem Rückzug aus dem öffentlichen Leben, der auch als „innere Emigration" bezeichnet wird. Mit den Kapitelüberschriften verwiesen die Autorinnen auf geschlechtsspezifische Handlungsräume von Frauen – sie setzten „helfen" an erste Stelle, „überleben" an die letzte. Tatsächlich war die gesetzeswidrige und somit äußerst riskante Unterstützung von Verfolgten in der NS-Zeit eine relativ häufige Form weiblichen Widerstands.

Ein Vorteil der Einteilung von Widerstand nach Arten des Handelns ist, dass keine Mutmaßungen über die Motivation der Handelnden angestellt werden müssen – also, ob aus politischer oder religiöser Überzeugung oder einfach spontan gehandelt wurde und welches Ergebnis sich die Handelnden von ihrem Tun erhofften. Die Bewertung, ob ein Mensch primär aus einer christlichen oder humanitären Überzeugung heraus agierte oder ob er oder sie politische

ABB.2 Interview für den Film „Küchengespräche mit Rebellinnen": Lotte Podgornik im Gespräch mit der Widerstandskämpferin Agnes Primocic, 1983.

Ziele verfolgte, kann letztendlich nur von den Betroffenen selbst schlüssig beantwortet werden.

Auch der Zeithistoriker Gerhard Botz ging in seinen Betrachtungen zur Widerstandsforschung nicht von der Motivation der Handelnden aus.[10] Er konzentrierte sich auf unterschiedliche Formen von widerständigen Handlungen und ordnete diese anhand mehrerer Kategorien an: nach dem Grad der Organisiertheit und Öffentlichkeit und inwiefern sie auf den Sturz des jeweiligen Systems abzielten, sich also „systemoffensiv“ oder „systemdefensiv“ darstellten.

	hoch organisiert eher öffentlich	 eher nicht öffentlich	niedrig organisiert eher öffentlich	 eher nicht öffentlich
eher system-offensiv	(1) Flugblatt- und Malaktionen Bombenanschläge Attentat Putsch	(3) Nachrichtenübermittlung Konspiration Sabotage Partisanentätigkeit	(5) Gehorsamverweigerung Predigen Denkschriften Führer-Witze Regimekritik	(7) Gerüchte-Verbreiten Umgang mit Gegnergruppen Schwarzhören
eher system defensiv	(2) (organisierte) Streiks Unterschriftenaktionen Hirtenbriefe	(4) bloßes Kontakt-Halten Hilfsaktionen Arbeitsbummelei	(6) (spontane) Streiks Amtsniederlegung Emigration demonstrativer Kirchenbesuch Verweigerung vorgeschriebener Grußformen	(8) Schwarzschlachten Absentismus Desertion - - - - - - - - - Selbstmord Randallieren von Jugendlichen sonstiges abweichendes Verhalten "unpolitische" Kriminalität

Botz ging hierbei von unterschiedlichen „Bewusstseinsgraden“ des Handelns aus und leitete aus seiner Aufstellung widerständiger Verhaltensweisen drei Arten von Widerstand ab: politischer Widerstand (1–3), sozialer Protest (4–7) und abweichendes Verhalten (8). Unter abweichendes Verhalten zählte er verbotene Tätigkeiten wie Schwarzschlachten oder „Absentismus“ (z. B. Fernbleiben von NS-Veranstaltungen),

ABB.3 „Typologie der Erscheinungsformen des Widerstands- und Resistenzverhaltens“ des Historikers Gerhard Botz als Beispiel für den Versuch Widerstand zu kategorisieren, 1983.[11]

aber auch „unpolitische Kriminalität". Regimewidriges Verhalten wird in autoritären Systemen kriminialisiert, womit die Grenze zu „unpolitischer" Kriminalität mitunter schwer zu ziehen ist.[12]

Im Gegensatz dazu schlug die Historikerin und Politologin Christl Wickert in den 1990er-Jahren vor, die Motivation der Handelnden in den Mittelpunkt zu stellen. Neben politischem Widerstand führte sie die Begriffe Alltagsdissens und weltanschaulicher Dissens ein.[13] Wickert gab damit dem nicht vordergründig politisch motivierten, oftmals spontanen Handeln vieler Frauen und auch Männer einen wichtigen begrifflichen Raum. Dissens, also mit etwas nicht einverstanden zu sein, bedeutet per se noch nicht, dass konkrete Handlungen gegen das Regime gesetzt werden. Auch bei einer starken Diskrepanz zwischen herrschender Ideologie bzw. Politik und den eigenen Überzeugungen kann die Angst vor drohenden Folgen wie etwa Verhaftung oder finanziellen Nachteilen überwiegen. Im Umkehrschluss lässt die Hoffnung auf persönliche und berufliche Vorteile viele Menschen, die die Ideologie eines totalitären Regimes nicht aktiv unterstützen, zu *Mitläufer*innen* ↓ werden. Wickert legte ihren Fokus auf die Überzeugungen und Lebenswelten jener Frauen, deren Dissens in der NS-Zeit zu Zivilcourage wurde.

Kategorisierungen sind ein wichtiges Werkzeug der Wissenschaft. Doch eine genauere Betrachtung konkreter Lebensgeschichten macht deutlich, dass sich menschliches Handeln unseren Versuchen, es eindeutig zuzuordnen, immer wieder entzieht. Dies zeigt beispielsweise die Biografie von Anna Strasser. Da diese ihre Geschichte nicht nur aufgeschrieben, sondern auch veröffentlicht hat, können wir in ihrem Fall ihre eigene Darstellung berücksichtigen.[14] Anhand ihrer Erzählung lässt sich gut nachverfolgen, dass ihre Entscheidung, aktiv Widerstand zu leisten, ein Prozess war, bei dem ein Entschluss zum nächsten führte. Das im Alltag beobachtete Leid von Menschen in Gefangenschaft löste bei ihr den Wunsch aus, diese mit einfachen Mitteln zu unterstützen. Diese Unterstützung wiederum mündete in direkte Kritik, die sie gegenüber KZ-Wachpersonal äußerte. Schließlich wollte sie andere von der Notwendigkeit überzeugen, Widerstand gegen Unrecht zu leisten – und tat dies mit zwei Gleichgesinnten. Ihr ursprüngliches, helfendes und kritisierendes Handeln könnte man als Alltagsdissens, spätere Handlungen auch als organisier-

Als *Mitläufer*innen* werden Personen bezeichnet, die sich einer politischen Strömung nicht aus Überzeugung, sondern aus praktischen Überlegungen oder Bequemlichkeit anschließen. In der Nachkriegszeit wurden ehemalige Mitglieder der Nationalsozialistischen Deutschen Arbeiterpartei (NSDAP), die keine Parteifunktionen innehatten und nicht in Zusammenhang mit NS-Verbrechen standen, als Mitläufer*innen bezeichnet und als sogenannte „Minderbelastete" geführt.

Anna Strasser

Anna Strasser (geb. 1921) wuchs als zwölftes Kind einer katholisch geprägten Familie in St. Valentin auf. Sie verbrachte ihre Lehrzeit in Linz und erlernte das Handelsgewerbe im Familienbetrieb. Im April 1939, im Alter von 18 Jahren, nahm sie eine Stelle in der Landwirtschaftlichen Lagerhausgenossenschaft in Mauthausen an. Das Genossenschaftsgebäude befand sich direkt neben dem Bahnhof, an dem Gefangenentransporte des nahegelegenen *Konzentrationslagers* ↓ Mauthausen ankamen. Bei Spaziergängen ließ sie Lebensmittel und Gebrauchsgegenstände für die Häftlinge zu Boden fallen. In Geprächen mit den Wachmannschaften kritisierte sie deren Unmenschlichkeit gegenüber den Häftlingen. Bei Heimabenden der katholischen Jugend in St. Valentin lernte sie schließlich Klaus Lösch und Hans Wieser kennen. Von da an suchten die drei gemeinsam nach Möglichkeiten, Verfolgten des Nationalsozialismus zu helfen.

Im Jahr 1942 wurde Anna Strasser zur Arbeit in den *Nibelungenwerken* →33 in St. Valentin dienstverpflichtet. Erneut beobachtete sie die Gewalt gegenüber Häftlingen, die dort zur Zwangsarbeit eingesetzt wurden. Sie erlitt einen psychischen Zusammenbruch und konnte in Folge nur noch halbtags arbeiten. Nachmittags half sie nun im Geschäft der Familie aus, kümmerte sich um den Haushalt und widmete ihre Zeit vermehrt der Widerstandstätigkeit. Sie besorgte für jüdische Familien aus Ungarn, die im Lager Windberg interniert waren, Medikamente und versuchte, weitere Personen für Hilfstätigkeiten zu gewinnen.

Im September 1944 wurde Anna Strasser von der Gestapo verhaftet und vom Landesgericht St. Pölten nach tagelanger Folter „wegen Hochverrates auf Kriegsdauer zu Konzentrationslager verurteilt".[15] Bei ihren Verhören gab sie an, dass Klaus Lösch, Hans Wieser und sie selbst im Sinne des Roten Kreuzes gehandelt hätten. Ihr Transport in ein Konzentrationslager wurde aufgrund von Bombenangriffen abgebrochen. Über Dresden, Prag, Brünn, Linz und Wien wurde sie schließlich in das Arbeitserziehungslager Oberlanzendorf verlegt, wo sie schwer an Typhus erkrankte. Sie überlebte die Auflösung des Lagers und konnte es am 1. April 1945 verlassen. In ihrem 1982 erschienenen „Tatsachenbericht" schreibt sie über ihre Widerstandstätigkeit und die Erlebnisse in der Haft.[16]

Anna Strasser ist eine der wenigen Frauen, die – im bereits hohen Alter – für ihr Engagement für Verfolgte des NS-Regimes öffentlich geehrt wurden: 1999 wurde sie zur Ehrenbürgerin von St. Valentin ernannt, 2010 ein Platz am Gelände des ehemaligen Nibelungenwerks nach ihr benannt. Im gleichen Jahr starb sie. Sowohl die Ehrungen als auch die Gedenktafel, die 2013 an ihrem Geburtshaus angebracht wurden, stellen eine Ausnahme dar.

Konzentrationslager (KZ) waren Zwangsarbeitslager, in denen Personen, die als „staatsfeindlich" galten, ohne ordentliches Gerichtsverfahren festgehalten und ausgebeutet wurden. 24 Stammlagern waren über 1.000 Außenlager zugeordnet. Neben Unterernährung, Krankheit und Erschöpfung waren Misshandlungen und medizinische Experimente Grund für die geringe Überlebenschance. In manchen KZs wurden Häftlinge gezielt erschossen oder in „Gaskammmern" getötet, so auch im KZ Mauthausen, das im Sommer 1938 in der Nähe von Linz errichtet wurde. Zwischen 1942 und 1945 wurden über drei Millionen Menschen, vor allem jüdische KZ-Häftlinge, in KZs und eigenen „Vernichtungslagern" ermordet.

ten Widerstand bezeichnen. Da sie aus einer stark katholisch geprägten Familie stammte und selbst angab, Heimabende der katholischen Jugend besucht zu haben, wäre auch weltanschaulicher Dissens eine mögliche Kategorisierung. Somit ist die Zuordnung von Biografien und Handlungen mitunter nicht eindeutig. Generell liegt der Fokus des vorliegenden Buchs aber weniger auf der Kategorisierung von Widerstand als auf den Besonderheiten von weiblichen Widerstandshandlungen.

Widerstand von Frauen in Oberösterreich

Die Erforschung von Widerstand gegen den Nationalsozialismus beschränkte sich auch in Oberösterreich lange Zeit auf organisierte Formen. Der Beitrag von Frauen fand bis in die 1980er-Jahre weder in der öffentlichen Erinnerungskultur noch in der historischen Forschung Beachtung.

Eine wichtige Rolle bei der Aufarbeitung von Widerstand spielten kommunistische Initiativen, deren Selbstverständnis in der 1945 wiederhergestellten Republik Österreich unter anderem auf den politischen Widerstand gegen den Nationalsozialismus gründete. So gab die oberösterreichische Sektion der Kommunistischen Partei Österreichs (KPÖ) mehrere Broschüren über Gruppen und einzelne Personen im Widerstand – darunter auch einige Frauen – heraus, die dem kommunistischen Widerstand zugeordnet werden können.[17]

Einen entscheidenden Beitrag leistete das 1963 in Wien gegründete Dokumentationsarchiv des österreichischen Widerstandes (DÖW), das 1982 eine umfassende Quellensammlung zu Widerstand und Verfolgung veröffentlichte. Zwei der Bände sind Oberösterreich gewidmet. Auf dem Gebiet der Oral History ist die Arbeit des kommunistischen Widerstandskämpfers und -forschers Peter Kammerstätter zu würdigen, der zahlreiche Interviews mit Akteur*innen des kommunistischen Widerstands in Oberösterreich geführt hat. Diese stehen uns heute als einzigartige Zeitdokumente im Archiv der Stadt Linz zur Verfügung.[18] Im Zuge seiner Gespräche mit Partnerinnen von Widerstandskämpfern wurde ihm bewusst, dass auch Frauen eine tragende Rolle gespielt hatten und selbst wichtige Zeitzeuginnen waren. Der entschiedene Schwerpunkt auf den Widerstand von Frauen

Das *Nibelungenwerk* (kurz „Ni-Werk“) war eine Fabrik zur Herstellung von Panzern in St. Valentin, in dem Zwangsarbeiter*innen und KZ-Häftlinge eingesetzt wurden. Diese waren vor Ort in einem Außenlager des KZ-Komplexes Mauthausen untergebracht. 1945 wurde die Produktion in die Stollenanlage des KZ-Außenlagers Ebensee verlegt.

in Oberösterreich wurde aber erst in den Forschungen von Martina Gugglberger gelegt, die hierbei auch vermehrt den „Alltagsdissens" in den Blick nahm.[19]

All diese Arbeiten sind wichtige Grundlagen für diesen Band, der sich zum Ziel gesetzt hat, das regimekritische Handeln von Frauen in Oberösterreich zu würdigen. Bewusst wurde dabei der Alltagswiderstand von Frauen, dem bisher weniger Beachtung geschenkt wurde, an erste Stelle gestellt. Darunter fallen alle systemkritischen Äußerungen und Aktionen, die die Lebensumstände der Handelnden abbilden. Dazu gehören beispielsweise kritische Äußerungen in alltäglichen Gesprächen oder in Briefen an die Front, das Abhören sogenannter „Feindsender", illegales Schlachten, die Verweigerung des „Hitlergrußes", aber auch – streng verbotene – freundschaftliche oder sexuelle Beziehungen zu Kriegsgefangenen und zivilen Zwangs-

ABB.4 Der Widerstandskämpfer und -forscher Peter Kammerstätter mit der Zeitzeugin Leni Egger in Bad Aussee, 1980er-Jahre.

arbeiter*innen sowie die Unterstützung von rassistisch Verfolgten. Die Motivation ergab sich hier vorwiegend aus den alltäglichen Umständen der Frauen, also zum Beispiel aufgrund von Sorge um Angehörige, Ärger über die kriegsbedingte Verschlechterung der Lebensbedingungen, der sich spontan Luft machte, sowie Mitgefühl mit oder Sympathie für Verfolgte.

Das nächste Kapitel ist der Beteiligung von Frauen am besser erforschten organisierten Widerstand in Oberösterreich gewidmet. Diese Form des Widerstands basierte auf dem Wunsch, gemeinsam mit anderen gegen das politische System aufzubegehren, ihm Schaden zuzufügen oder es sogar zu stürzen. In den meisten Fällen ist organisierter Widerstand gleichbedeutend mit politischem Widerstand. Jeweils ein eigenes Kapitel ist dem religiösen Widerstand, der sich explizit gegen die Einschränkung der Religionsausübung richtete, und dem von der Forschung lange vernachlässigtem Widerstand von Verfolgten gewidmet. Das Abschlusskapitel geht der Frage nach, wie der Widerstand von Frauen nach dem Ende des NS-Regimes ab Mai 1945 betrachtet wurde und wie die betroffenen Frauen selbst ihre Handlungen einschätzten.

Den Kapitelüberschriften haben wir – angelehnt an die bereits erwähnte Publikation „Der Himmel ist blau" und den Film „Widerstandsmomente" (2019)[20] von Jo Schmeiser – „Tätigkeitswörter" vorangestellt, die die Widerstandshandlungen von Frauen im Nationalsozialismus beschreiben. Diese Begriffe sollen außerdem daran erinnern, wie wichtig eine kritische Haltung und couragiertes Handeln auch in der Gegenwart für eine stabile und vielstimmige Demokratie sind. Biografien von ausgewählten Frauen zeigen exemplarisch die soziale und geografische Herkunft, aber auch die Umstände und die Möglichkeiten weiblichen Handelns und dessen Auswirkungen auf.

Anhand der Porträts wird deutlich, dass Widerstand gegen das NS-Regime kein Phänomen ist, das sich auf die industriellen Zentren wie Linz oder das Salzkammergut beschränkte, sondern in allen oberösterreichischen Bezirken und gesellschaftlichen Schichten vorkam. Die geografische Verteilung der ausgewählten Fallbeispiele wird in der Übersichtskarte ersichtlich, die auch als Wegweiser durch das Buch dient – immer mit dem Hinweis, dass eine systematische Erschließung aller widerständischen Handlungen von Frauen

Die *NS-Justiz* stand im Dienst der NS-Diktatur und war politisch abhängig. Wichtige Instanzen waren der Berliner Volksgerichtshof und die Oberlandesgerichte Wien, Graz und Linz. Politische Strafsachen wie Vergehen gegen das „Heimtückegesetz", Abhören ausländischer Radiosender oder „Wehrkraftzersetzung" wurden in Oberdonau seit September 1939 im Sondergericht Linz verhandelt.

Die *NS-Sicherheitsorgane* setzten sich aus der Geheimen Staatspolizei (Gestapo), dem Sicherheitsdienst des Reichsführers SS (SD) und der regulären Ordnungspolizei zusammen. Bei der Verfolgung von Widerstand kam in erster Linie die Gestapo zum Einsatz. Sie war für ihre brutalen Methoden und Morde bekannt.

in Oberösterreich aufgrund der heutigen Quellenlage nicht mehr möglich ist. Somit können auch keine verbindlichen Aussagen darüber getroffen werden, ob es Bezirke gab, die „widerständischer" waren als andere.

Verfolgung von Regimegegnerinnen

Grundsätzlich unterlagen Frauen im Nationalsozialismus den gleichen Gesetzen wie Männer. Die Diskriminierung und Verfolgung aus „rassischen" Gründen und von Personen, die die NS-Ideologie nicht unterstützten, basierten auf einer Reihe von Gesetzen, die in Deutschland ab 1933 erlassen wurden und seit 1938 auch in dem als „Ostmark" bezeichneten Gebiet des ehemaligen Österreich galten. Neben der Unterdrückung kritischer Meinungen und Haltungen verfolgte das NS-Regime offen rassistische Ziele, die auf pseudowissenschaftlichen Prinzipien beruhten. Den entsprechenden Gesetzen, mit Namen wie „Rassengesetze" oder „Blutschutzgesetz", lag das nationalsozialistische Denken zugrunde, dass das „Deutsche Volk" bzw. die *„NS-Volksgemeinschaft"* ↓ vor vermeintlichen „Verunreinigungen" und Bedrohungen geschützt werden müsse. Jede*r Einzelne war aufgerufen, die *NS-Justiz* →35 bei diesem Auftrag zu unterstützen. Zur Pflicht aller wurde erklärt, jedes verdächtige Verhalten anzuzeigen, damit die *NS-Sicherheitsorgane* →35 und die NS-Justiz tätig werden konnten. Diese waren seit der Machtergreifung sukzessive „gleichgeschaltet", also der Ideologie des Nationalsozialismus untergeordnet worden.

Verhaftete Frauen wurden in Oberdonau u. a. in das Polizeipräsidium in der Mozartstraße, die Gestapo-Leitstelle in der Langgasse, das Bezirksgefangenenhaus Urfahr oder Wels, das Oberlandesgericht Linz und seit ca. Ende Jänner 1944 auch in Baracken am Gelände des ehemaligen Gutshofs Kaplanhof verbracht. In diesem provisorischen Frauengefängnis waren Häftlinge unterschiedlicher Nationalitäten inhaftiert, Ausländerinnen wurden zur Zwangsarbeit herangezogen. Die Zellen waren durch Holzwände getrennt und überbelegt. Die hygienischen Verhältnisse waren schlecht, die Frauen wurden von Läusen und Wanzen geplagt und durften nur alle zwei Wochen ihre Wäsche wechseln. Etwas bessergestellt war, wer von Verwandten mit Kleidung und Essen versorgt werden konnte, die

Die *„NS-Volksgemeinschaft"* war ein zentrales Instrument des nationalsozialistischen Herrschaftssystems. Durch Massenveranstaltungen und Propaganda wurde die Vorstellung einer solidarischen Gemeinschaft deutscher „Volksgenossen" verbreitet. Damit sollte Einigkeit, Einheitlichkeit und eine bedingungslose Unterstützung der NS-Politik seitens der Bevölkerung vermittelt werden. Ausgeschlossen waren alle Menschen, die nach „rassenbiologischen" Kriterien nicht der Volksgemeinschaft angehören konnten, beispielsweise die jüdische Bevölkerung.

Pakete kamen aber nicht immer bei den inhaftierten Frauen an. Auch die monatliche Besuchserlaubnis wurde oft verweigert.[21]

Am 31. März 1945 wurde das Gelände bombardiert und das Frauengefängnis großteils zerstört. Viele Gefangene kamen im Feuer um, wurden von herabstürzenden Gebäudeteilen getroffen oder beim Versuch zu entkommen angeschossen. So zum Beispiel Maria Ehmer, die als politische Gefangene inhaftiert war und beim Bombenangriff schwer verletzt wurde. Die überlebenden Frauen wurden in das „Arbeitserziehungslager Schörgenhub" der Staatspolizei Linz im Süden der Stadt verlegt. Es war mit einer maximalen Belegung von 1.000 Personen im Jänner 1945 ein relativ kleines Lager für so bezeich-

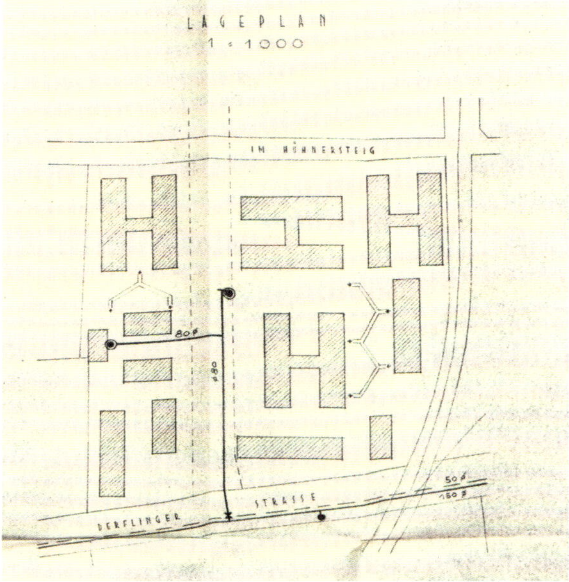

nete „Arbeitsverweigerer" und „Arbeitsflüchtlinge". Ab Herbst 1944 wurden auch Frauen dort festgehalten.[22] Nach der Bombardierung des Polizeigefangenenhauses Mozartstraße und des Frauengefängnisses Kaplanhof wurden im Frühjahr 1945 vermehrt Frauen im Arbeitserziehungslager Schörgenhub untergebracht. Das Frauenlager war mit provisorischen Pritschen eingerichtet, die Versorgung und die hygienischen Verhältnisse wurden von Überlebenden als verheerend beschrieben. Vom Bereich der Männer war es durch einen Stacheldraht getrennt, die Bewachung erfolgte durch *SS-Einheiten* →38.

ABB.5 Plan des Areals Kaplanhof, im linken Bilddrittel sind die Baracken des Frauengefängnisses erkennbar, 1941.[23]

Frauen, die aus politischen Gründen festgenommen wurden, waren teilweise brutalen Vernehmungen ausgesetzt. Verhöre von Kommunistinnen fanden auch im Konzentrationslager (KZ) Mauthausen statt. Dort wurden sie von den Gestapobeamten Johann Haller, Burghard-Franz Pötscher, Georg Prohaska und Josef Hofbauer misshandelt, mit dem Ziel Informationen über das Widerstandsnetzwerk zu erzwingen. Bei diesen Aufenthalten im KZ Mauthausen wurden die betroffenen Frauen auch Zeuginnen von Gräueltaten an Häftlingen.[24]

Für als besonders schwerwiegend eingestufte Delikte wie beispielsweise Zweifel am Sieg der Wehrmacht oder der Verweigerung des Wehrdiensts konnten Verurteilte mit KZ-Haft bestraft werden. Dies betraf in erster Linie Zeuginnen Jehovas, die den Krieg aus Glaubensgründen ablehnten und in den Lagern mit einem lila Dreieck an der Kleidung markiert wurden. Aber auch Frauen, denen Beziehungen mit Kriegsgefangenen vorgeworfen wurden, drohte dieses Schicksal. Die meisten verurteilten Frauen wurden in diesem Zusammenhang nach *Ravensbrück* →39, in das größte, speziell für weibliche Häftlinge eingerichtete KZ, deportiert. Von dort gingen immer wieder Transporte in das Vernichtungslager Auschwitz-Birkenau. Die unmenschlichen Bedingungen der KZ-Haft, in der Gewalt und Ausbeutung an der Tagesordnung waren, überlebten viele Inhaftierte nicht, viele wurden auch gezielt ermordet. Frauen wie die Zeugin Jehovas Maria Moser, die Ravensbrück und Auschwitz überlebte, waren die Ausnahme.

Verurteilte Frauen aus Oberdonau wurden auch in das unweit von Augsburg in Bayern gelegene Frauenzuchthaus Aichach gebracht. Dieses war 1909 eingerichtet worden, in der NS-Zeit waren vor allem politische Gefangene und als „asozial" bezeichnete Frauen inhaftiert. Sie mussten Arbeit in Rüstungsbetrieben leisten, ab 1943 wurden Deportationen in das Vernichtungslager Auschwitz-Birkenau durchgeführt. Das Frauenforum Aichach-Friedberg setzt sich aktuell für die Errichtung einer Gedenkstätte zur Erinnerung an Häftlinge der Haftanstalt Aichach während der NS-Zeit ein.[25]

Kurz vor Kriegsende wurden auch in Oberdonau noch politische Häftlinge ermordet, darunter einige Frauen. Am 27. April 1945 erschoss die SS im Arbeitserziehungslager Schörgenhub kommunistische Häftlinge, darunter Gisela Tschofenig aus Linz und Theresia

Die *Schutzstaffel* (SS) wurde 1925 zum persönlichen Schutz von Adolf Hitler und von Versammlungen der NSDAP gegründet. Heinrich Himmler wurde 1929 zum Reichsführer der SS berufen und baute die Organisation zu einer Eliteformation und „Parteipolizei" aus. Ab 1934 war die SS auch für die Bewachung von KZs zuständig.

Maria Moser

Maria Moser (geb. 1906) stammte aus einer gutbürgerlichen Familie in Braunau. 1927 heiratete sie den Postbeamten und strenggläubigen Katholiken Alois Moser. Als dieser begann, sich für die Lehren der Internationalen Bibelforschervereinigung zu interessieren, begann auch sie, deren Zusammenkünfte zu besuchen und Broschüren zu verteilen. Beide traten in den 1930er-Jahren aus der katholischen Kirche aus.

Am 4. April 1939 wurde das Ehepaar im Zuge der ersten großen Verhaftungswelle von Zeug*innen Jehovas festgenommen. Alois Moser wurde am 20. April 1939 ins KZ Dachau überstellt, Maria am 12. Juni 1939 ins KZ Ravensbrück, wo sie beim Aufbau des Lagers eingesetzt wurde. Dort traf sie auf viele ihrer Glaubensschwestern, denn in Ravensbrück waren zu diesem Zeitpunkt etwa 450 Zeuginnen Jehovas inhaftiert. Der Lagerkommandant Max Koegel versuchte, die Frauen zu kriegsrelevanten Arbeiten zu zwingen, und bestrafte sie, als sie dies konsequent verweigerten, mit mehrwöchiger Zellenhaft: „Der Direktor wurde wütend und bezeichnete uns als die ärgsten Staatsfeinde. Sein Befehl lautete: ‚Hinein mit euch in den Arrest, dort könnt ihr verrecken bis euch euer Jehova herausholt.' … Und so standen wir ohne Mittagessen in Kleidern mit ku[r]zen Ärmeln bei viel Schnee und großer Kälte bis 6 Uhr abends im Vorhofe des Zellenbaues unter freien [sic!] Himmel."[26] Ab März 1940 stellte die Lagerverwaltung die spezielle Bestrafung von Zeuginnen Jehovas ein, da sie erkannte, dass diese ihrer Arbeit in zivilen Einsatzbereichen zuverlässig nachgingen.

Am 21. Juli 1942 wurden rund 50 Zeuginnen Jehovas von Ravensbrück nach Auschwitz überstellt, darunter auch Maria Moser. Sie war dort eine Weile als Blockälteste eingesetzt, später als Haushälterin bei einem hohen NS-Funktionär. Als sie schwer an Flecktyphus erkrankte, konnte sie durch die Unterstützung von anderen in Auschwitz inhaftierten Glaubensschwestern wieder genesen. Ab Jänner 1945 überlebte sie die Evakuierung in mehrere Lager, am 5. April 1945 wurde ihr Häftlingstrupp auf dem Marsch zum KZ Neuengamme von den Wachmannschaften zurückgelassen. Erst im September 1945 gelang ihr die Rückkehr in ihre Heimat. Bis zu ihrem Tod 1973 lebte Maria Moser gemeinsam mit ihrem Mann, der ebenfalls sechs Jahre in NS-Konzentrationslagern überlebt hatte, in Braunau.

Das *Frauenkonzentrationslager Ravensbrück* wurde im Mai 1939 gegründet. Es war für 3.000 weibliche Häftlinge angelegt, wuchs aber bald zu einem großen Lagerkomplex, zu dem auch ein kleines Lager für Männer und ein Jugend-KZ für junge Frauen gehörten. Von den rund 153.000 Frauen, Kindern und Männern, die bis 1945 in Ravensbrück inhaftiert waren, wurden ca. 28.000 ermordet.

Höllermann aus Wels.[27] Am 1. Mai, nur vier Tage vor Kriegsende in Oberösterreich, wurden am Truppenübungsplatz Treffling durch den *„Volkssturm“* →41 insgesamt 13 Personen hingerichtet, darunter

Cäcilia Zinner, die in der „Gruppe Ludwig Telfner“ aktiv gewesen war, und die wegen „Plünderung“ zum Tode verurteilte Theresia Erhart aus Kleinmünchen.[28] Es existieren Hinweise, dass die zum Tod Verurteilten Gnadengesuche nach Berlin geschickt hatten, die aufgrund des fortschreitenden Kriegs nicht mehr bearbeitet worden waren. Dadurch waren die Hinrichtungen selbst nach nationalsozialistischer Rechtsprechung rechtswidrig.[29] Zum Gedenken an die Opfer wurde 1990 am Trefflinger Schießplatz eine Gedenkanlage nach dem Entwurf des Schriftstellers Heimrad Bäcker eingeweiht.[30]

Familie und Mutterschaft

Für Frauen, die sich während der NS-Zeit im Widerstand engagierten, bedeutete die traditionelle Verknüpfung von Frauen mit Familienpflichten eine spezifische Belastung, die sich bei einer Verhaftung noch verschärfte.[30a] Bis heute wird Frauen eine stärkere Bindung zu Kindern zugesprochen als Vätern und ist Mutterschaft ideologisch stark aufgeladen. Anlässlich ihrer Freilassung aus der 16-monatigen Haft im Jahr

ABB.6 Verwandte der ermordeten Gisela Tschofenig errichteten im Mai 1945 ein provisorisches Grab am Gelände des ehemaligen Arbeitserziehungslagers Schörgenhub, 1945.

2013 wurde die russische Politaktivistin Nadeschda Tolonnikowa vom deutschen Nachrichtenmagazin „Der Spiegel“ gefragt, ob sie sich Vorwürfe mache, dass sie ihre Tochter wegen ihrer politischen Aktivitäten vernachlässigt hätte. Die Mitbegründerin der regierungskritischen Punkrockband Pussy Riot antwortete auf diese Frage offensiv: „Solch eine Frage würde man einem Mann nie stellen … Dahinter steckt eine zutiefst paternalistische Sicht. Immer noch wird versucht, Frauen auf ihr Privatleben zu reduzieren, auf Mann und Kinder, Heim und Herd.“[31]

Menschen, die Widerstand gegen ein autoritäres Regime leisten, gehen nicht nur für sich selbst ein Risiko ein. Auch für ihre Angehörigen kann ihre Entscheidung weitreichende Konsequenzen haben. Dabei sind Kinder zumeist die verwundbarsten Mitglieder einer Familie. Autoritäre Regime machen sich dies zunutze, um widerständisches Handeln zu unterbinden und Frauen gezielt von regimekritischen Handlungen abzuhalten. Oftmals bleibt es bei der Androhung – das Ziel ist Abschreckung. Auch in der Gegenwart gibt es dafür Beispiele. So stellte etwa die russische Staatsanwaltschaft 2019 im Fall eines Ehepaares, das gemeinsam mit seinen Kindern an regimekritischen Demonstrationen teilgenommen hatte, einen Antrag auf Kindesabnahme. Der Antrag wurde abgelehnt, aber der Effekt, die Eltern einzuschüchtern, zweifelsohne erreicht.[32] Auch in Zusammenhang mit den politischen Protesten in Weißrussland seit 2020 wird von Fällen berichtet, in denen die Abnahme von Kindern zumindest angedroht wurde.

Im Nationalsozialismus wurde die Einschüchterung von Angehörigen als „Sippenhaftung“ bezeichnet. Menschen konnten für das nach damaligem Recht strafbare Verhalten naher Verwandter mit ihrem Vermögen, ihrer Freiheit oder sogar mit ihrem Leben hafbar gemacht werden. Als Repressionsmaßnahme sollte diese Praktik in erster Linie Angst erzeugen, was auch gelang.[33] Paula Mitterhauser aus Losenstein schimpfte in Briefen an ihren Verlobten an die Front über den Krieg und das NS-Regime. Nicht nur sie selbst wurde daraufhin verhaftet, sondern auch ihre Mutter, ihr Vater konnte rechtzeitig untertauchen. 1945, nach der Befreiung, musste sie erfahren, dass ihre Mutter bei einem Bombenangriff auf das Frauengefängnis Kaplanhof in Linz ums Leben gekommen war.

Am 25. September 1944 erließ Hitler den Befehl zur Bildung des sogenannten „*Volkssturms*“. Dabei handelte es sich um eine Behelfsarmee zur Unterstützung der Wehrmacht und Heimatverteidigung, bestehend aus Männern im Alter von 16–60 Jahren, die eingezogen wurden oder sich freiwillig meldeten. Die Mitglieder des „Volkssturms“ wurden vorrangig für Sicherungsaufgaben wie z. B. Panzersperren eingesetzt. Notdürftig bewaffnet kamen sie auch, unter meist hohen Verlusten, zum Kampfeinsatz.

Um Verwandte zu schützen, wurde widerständisches Handeln oftmals geheim gehalten, manchmal sogar vor Ehepartnern. So erfuhr beispielsweise der Ehemann von Cäcilia Fischill, die den kommunistischen Widerstand in Wels unterstützte, erst durch ihre Verhaftung von der Tätigkeit seiner Frau.

Das Engagement in organisierten Widerstandsgruppen konnte viel Zeit in Anspruch nehmen, nicht immer ließ sich dieser Einsatz mit den Betreuungspflichten für Kinder und andere Angehö-

rige gut vereinbaren. Viele Frauen waren alleinerziehend, da die Väter entweder in der Wehrmacht eingezogen oder ebenfalls politisch aktiv und verhaftet waren. Resi Pesendorfer aus Bad Ischl wurde stets als Frau beschrieben, die für ihre politischen Überzeugungen unermüdlich im Einsatz war, bereits in den 1930er-Jahren und dann verstärkt im Nationalsozialismus, als sie die Widerstandsgruppe im

ABB.7 Resi Pesendorfer war eine zentrale Akteurin im Widerstandsnetzwerk „Willy-Fred“ im Salzkammergut, 1945.

Salzkammergut unterstützte. Gleichzeitig musste sie hart für ihren Lebensunterhalt arbeiten und litt unter einer angeschlagenen Gesundheit. Als sie 1989 im Alter von 88 Jahren starb, würdigte der Landesobmann des KZ-Verbands und oberösterreichische Schriftsteller, Franz Kain, sie mit einem Nachruf, in dem er ihren Einsatz für ihre „grosse [sic!] Arbeit von geradezu historischer Bedeutung“ für die Widerstandsbewegung im Salzkammergut hervorstrich. Er ließ dabei nicht unerwähnt, dass sie dafür auch privat einen hohen Preis bezahlte: „Sie hat Zeit ihres Lebens darunter gelitten, daß sie ihrem Sohn infolge von Krankheit und Verfolgung nicht immer jene Obsorge angedeihen lassen konnte, wie sie gewollt hätte.“[34] Zeitweise musste sie ihren Sohn in einem Waisenhaus unterbringen, da sie selbst krankheitsbedingt nicht in der Lage war für ihn zu sorgen.

Andere Frauen setzten ihre Kinder gezielt als Tarnung für gefährliche Aufträge ein. Maria Ganhör nahm ihren Sohn bei der Versorgung von untergetauchten Männern im Salzkammergut mit, um die Unternehmungen als harmlosen Ausflug zu tarnen. Oftmals war es aber die Mutterschaft selbst, die Frauen zu ihren widerständischen Handlungen bewog. Durch die traditionell weiblich konnotierte Rolle der Kindererziehung hatten Frauen einen wichtigen Handlungsspielraum, wenn es darum ging, Kinder der nationalsozialistischen Vereinnahmung zumindest teilweise zu entziehen. Großen Mut bewies die Mutter von Maria Wagner aus Ebensee, als sie ihren minderjährigen Sohn von spätabendlichen Exerzierübungen der Hitlerjugend (HJ) wegholte und offen die Sinnhaftigkeit dieser Ausbildung kritisierte.[35] Zur darauf folgenden Vorladung auf die Gendarmerie nahm sie neben ihren Kindern demonstrativ das Mutterkreuz mit, das im Nationalsozialismus Müttern mit mehr als vier Kindern verliehen wurde. Der Gendarmeriebeamte beließ es daraufhin bei einer Verwarnung. Im Februar 1945 entschloss sich die Bäuerin Maria Langthaler, zwei aus dem KZ Mauthausen entflohene Kriegsgefangene auf ihrem Hof zu verstecken und so vor der Ermordung zu retten. Später gab sie an, dass neben ihrer religiösen Überzeugung auch das Wissen um die Sorge von Müttern um ihre im Krieg eingesetzten Söhne eine wichtige Rolle für ihren Einsatz gespielt hatte: Sie hoffte, dass auch ihren Söhnen, von denen fünf zur Wehrmacht eingerückt waren, geholfen würde. Für diese Hoffnung nahm sie in Kauf, dass nicht nur sie selbst, sondern auch

Resi Pesendorfer

Resi (Theresia) Pesendorfer (geb. 1902), geborene Laimer, stammte aus einer armen, kinderreichen Arbeiterfamilie. Als ihre Mutter 1912 starb, übernahm ihr 19 Jahre alter Bruder Sepp die Erziehung der 10-jährigen Resi, da der Vater als Salzarbeiter immer mehrere Tage hintereinander abwesend war. Ab ihrem 14. Lebensjahr musste sie arbeiten – zunächst bei Bauern, später als Hausgehilfin – und entwickelte schon früh ein Bewusstsein für soziale Ungerechtigkeit. Die christlich-soziale Einstellung ihres Vaters teilte sie nicht, 1926 trat sie der sozialdemokratischen Partei bei. Im gleichen Jahr heiratete sie Ferdinand Pesendorfer, mit dem sie wenig später einen Sohn bekam. Auch ihr Mann war Sozialdemokrat, in den 1930er-Jahren wechselte das Ehepaar jedoch zur Kommunistischen Partei.

Kurz nach der Hochzeit wurde Ferdinand Pesendorfer arbeitslos und seine Frau musste durch Waschen und Putzen Geld verdienen. Die körperlich anstrengende Arbeit und mangelhafte Ernährung wirkten sich auf Resi Pesendorfers Gesundheit aus, über Jahre hinweg litt sie an Lungentuberkulose. Auch die finanziellen Sorgen prägten sie: „Dieser Kampf um ein besseres Leben hört bei [mir] niemals auf, es ging einmal auf- und abwärts. Es hat mich mein ganzes Leben lang begleitet."[36] Als ihr Mann 1936 verhaftetet wurde, musste sie ihren damals 10-jährigen Sohn in einem Waisenhaus unterbringen, da es ihr aufgrund eines Kuraufenthaltes nicht möglich war, sich um ihn zu kümmern.

Noch vor dem „Anschluss" gründete Resi Pesendorfer eine kommunistische Frauenorganisation in Bad Ischl, unterstützte die kommunistische Jugendorganisation, sammelte Spenden und übernahm für die Partei Kurierdienste nach Bad Goisern, Bad Aussee und Ebensee. Dadurch hatte sie zahlreiche Kontakte und umfangreiche Erfahrung in der illegalen Arbeit. In der NS-Zeit nahm sie eine wichtige Funktion in der Widerstandsgruppe um Sepp Plieseis ein, indem sie Verfolgten Quartiere organisierte, Kurier- und Botendienste übernahm und bei der Befreiung von KZ-Häftlingen half. Sie wurde zwar für kurze Zeit inhaftiert, aber wieder freigelassen, weil ihr von der Gestapo die Befähigung für illegale politische Arbeit abgesprochen wurde. Resi Pesendorfer bediente sich des Geschlechterstereotyps der „naiven unpolitischen Frau" und empfand es als Genugtuung, dass sie dem nationalsozialistischen Verfolgungsapparat entkam: „Es war immer mein Wunsch und meine Freude, daß es der Gestapo nicht gelungen ist, mich hinter Schloß und Riegel zu bringen."[37]

Resi Pesendorfer blieb auch in der Nachkriegszeit politisch aktiv, engagierte sich im KZ-Verband und hielt Kontakt mit Frauen, mit denen sie in der NS-Zeit zusammengearbeitet hatte. Daneben kümmerte sie sich intensiv um ihre zahlreichen Enkel- und Urenkelkinder. Bemühungen in Bad Ischl, eine Straße nach der Widerstandskämpferin zu benennen und/oder eine Gedenktafel anzubringen, waren bisher nicht erfolgreich.

ihr Mann und ihre beiden am Hof verbliebenen Kinder in Lebensgefahr gebracht wurden. Der Familie drohten im Fall einer Entdeckung die Verhaftung und schärfste Strafen.

Zahlreiche Frauen, die gegen den NS-Staat dachten, sprachen oder handelten, wurden von ihren Kindern oder anderen nahestehenden Angehörigen getrennt, als sie verhaftet wurden. Die Sorge um die Kinder, oftmals gepaart mit längerer Kommunikationssperre, beschreiben viele Frauen in ihren Erinnerungen als besonders belastend. Dazu kamen vielfach Gewissensbisse. Im besten Fall konnten Kinder von Verwandten versorgt werden, wie etwa der Sohn der Widerstandskämpferin Gisela Tschofenig. Der Dreijährige lebte nach ihrer Verhaftung bei ihren Eltern und ihrer Schwester in Linz. Trotz der familiären Obhut lassen sich aus den erhaltenen Postkarten und Briefen, die Gisela Tschofenig aus der Haft schrieb, ihre Besorgnis und Sehnsucht nach ihrem Kind herauslesen. Vor allem nach Bombenangriffen bat sie beunruhigt um Nachricht.

Oft war eine Unterbringung der Kinder bei Verwandten nicht möglich, beziehungsweise wurde diese gezielt verhindert. Nach der Verhaftung der in Linz ansässigen Witwe Frieda Buchacher erklärten sich Verwandte bereit, ihre drei Kinder aufzunehmen. Trotzdem wurden diese in einem NS-Erziehungsheim untergebracht.

ABB.8 Nach der Befreiung ließ die Familie Langthaler sich gemeinsam mit den beiden Geretteten fotografieren: Maria, Johann, Maria jun. (1. Reihe v. l.), Ferdinand, Anna, Josef (2. Reihe 1., 3., 4. v. l.), Michail Rybtschinskij und Nikolai Zimkalo (2. Reihe 2. u. 5. v. l.), Mai 1945.

Liebe Leutschi! 23/4 1945

Gleich 4 Briefe kamen heute zu mir hereingeschneit von Euch, Hermanns Zeichnungen, Alberts Briefe von Mutti u. von Dir. Na, da kannst Dir vorstellen mit welcher Freude ich dieselben empfangen habe. Jetzt sind ja trostlose Tage, Regen u. Wind, Kälte – wir sitzen halt fast den ganzen Tag auf der Pritsche, außer den Schuhen habe ich alles an – denn weiß man, was morgen kommt? Hermann würde halt staunen, wenn er seine Mutti jetzt sehen könnte! – hab ein kleines Zahngeschwulst, mein Kopftuch u. eine weiße Hose um den Kopf geschlungen mit Decken eingehüllt hocke ich auf der Pritsche, den Blick lasse ich öfters durch's Fenster schweifen im Falle jemand von Euch kommt. Nun, was sagt mein Kleiner zu so einer Mutti? Aber sag, bist denn Du mit dem kleinen "Trockerl" in Linz? Gott, das Mandl möchte ich halt so gerne einmal so richtig an mich drücken können, wie oft träume ich davon, aber jedes

ABB.9 Letzter Brief von Gisela Tschofenig an ihre Schwester, der aus dem Arbeitserziehungslager Schörgenhub geschmuggelt werden konnte, 23. April 1945.

Ähnlich wurde mit den Kindern von Maria Hehenberger verfahren, die wie Buchacher für die Widerstandsgruppe „Münichreiter" rund um Ludwig Telfner aktiv war und festgenommen wurde.

Frauen, die zum Zeitpunkt ihrer Verhaftung schwanger waren, befanden sich in einer besonders prekären Situation. Falls die Schwangerschaft trotz des psychischen und physischen Stresses in der Haft andauerte, durften inhaftierte Frauen ihre Neugeborenen nicht bei sich behalten. Gertrude Grillmayr, ebenfalls Mitglied der Gruppe „Münichreiter", war zur Zeit ihrer Verhaftung schwanger und brachte ihr Kind während ihrer Haft zur Welt. Nach der Geburt wurden Mutter und Kind sofort getrennt. Der Säugling kam bei Grillmayrs Eltern unter, starb aber körperlich geschwächt im Juni 1945. Auch das Baby von Anna Königsecker, die aufgrund ihrer Tätigkeit für die „Freistädter Gruppe" in Haft war, überlebte nur wenige Wochen.

Bei Menschen, die aus „rassischen" Gründen verfolgt wurden, waren Kinder nach einer Verhaftung noch größeren Gefahren ausgesetzt. Robert Schindel, der Sohn der jüdischen Widerstandskämpferin Gerty Schindel, war erst fünf Monate alt, als seine Eltern in Linz verhaftet wurden. Er hatte großes Glück und überlebte die Zeit des Nationalsozialismus unter dem Decknamen Robert Soel in einem Wiener Kinderheim.

Für Kinder waren die Trennung von der Mutter, die permanente Angst und Ungewissheit, aber auch die eigene Versorgung sehr belastend. Sophie Emmer aus Gmunden war im Februar 1945 in Zusammenhang mit kommunistischem Widerstand verhaftet worden. Ihr erst 11-jähriger Sohn Alois bekam zwar Unterstützung von Verwandten, musste sich aber teilweise selbst um die tägliche Lebensmittelbeschaffung kümmern. In zahlreichen Briefen an seine inhaftierte Mutter schildert er seine Probleme und drückt sein Unverständnis über ihre Inhaftierung aus: „Liebe Mama hoffentlich kannst du bald wieder bei uns sein. Wir glauben ja alle miteinander nicht, dass Du so etwas verbrochen hast, um wirklich eingesperrt zu werden. Komm bald, liebe Mama."[38] Auch von Sophie Emmer selbst sind einige aus dem Lager geschmuggelte Briefe erhalten, in denen sie die Sorge um ihre Kinder ausdrückt, aber auch über großen Hunger und Gewichtsverlust klagt und ihre Verwandten auffordert, ihr Essen zu bringen: „Hunger über Hunger. 3 Eier, bitte hart kochen. Bitte Brot vielleicht

Anna Königsecker

Die Schneidermeisterin Anna Königsecker (geb. 1907) wurde am 9. Oktober 1944 in Zusammenhang mit der „Freistädter Gruppe" verhaftet. Ihr wurde vorgeworfen, ihren Mann Johann ein knappes halbes Jahr lang am Dachboden ihres Hauses in Freistadt versteckt zu haben.[39] In einem Interview im Jahr 1988 gab sie an, zwar etwas von den Widerstandsaktivitäten ihres Mannes geahnt, „aber nie etwas Genaues gewußt" zu haben.[40] Auch Anna Königsecker lehnte den Nationalsozialismus ab. Von 1934 bis 1938 – während der Dollfuß-Schuschnigg-Diktatur – war sie Mitglied der 1933 gegründeten Einheitspartei *„Vaterländische Front"* ↓.

Zur Zeit ihrer Verhaftung war sie 36 Jahre alt, Mutter dreier Kinder und erneut schwanger. Dies machte die Haft besonders hart: „Es war wirklich furchtbar, eingesperrt zu sein und oft nicht zu wissen, was mit den Kindern ist."[41]

Von Dezember 1944 bis Februar 1945 war sie im Gefangenenhaus des Kreisgerichts Wels, danach im Gefangenenhaus des Landgerichts Linz inhaftiert.[42] Im April 1945 wurde sie – vermutlich aufgrund der nahenden Niederkunft – entlassen.[43] Das neugeborene Mädchen starb jedoch zweieinhalb Monate nach der Geburt: „Der Arzt hat gleich nach der Geburt schon festgestellt: gänzlich unterernährt und hochgradig nervös."[44] Das Todesurteil ihres ebenfalls festgenommenen Mannes wurde nie vollstreckt und beide überlebten die Zeit des Nationalsozialismus.[45]

Die *„Vaterländische Front"* war die 1933 in Österreich gegründete Staatspartei des autoritären „Ständestaats", der auch als „Austrofaschismus" bezeichnet wird. Die Partei unterstand zunächst Engelbert Dollfuß, nach dessen Ermordung im Jahr 1934 seinen Nachfolgern Ernst Rüdiger von Starhemberg und Kurt von Schuschnigg, weshalb auch der Begriff „Dollfuß-Schuschnigg-Diktatur" verwendet wird. Politische Gegner*innen wurden von 1933 bis 1938 verfolgt und interniert.

geht es. Ich habe 15 kg. abgenommen, möchte mich für meine Kinder erhalten."[46] Tatsächlich gelang es der Schwester von Sophie Emmer einige Male zum Arbeitserziehungslager Schörgenhub nach Linz zu kommen und der Gefangenen Lebensmittel zu übergeben. Nach der Befreiung des Lagers kam sie körperlich sehr geschwächt zu ihrer Familie nach Gmunden zurück.

Bemühungen um einen Besuchskontakt mit inhaftierten Frauen gestalteten sich oft kompliziert. Aber auch das Wiedersehen mit den von der Haft gezeichneten Frauen war mitunter traumatisierend. Bruno Ehmer aus Gschwandt war 15 und völlig auf sich allein gestellt, als seine für die „Rote Hilfe" aktive Mutter Maria verhaftet wurde. Anfang März gelang es ihm, sie im Frauengefängnis Kaplanhof in Linz zu besuchen, bei einem zweiten Versuch wurde ihm die Sprecherlaubnis verweigert. Nachdem Ende März 1945 Bombentreffer das Gefängnis großteils zerstört hatten, lebte er wochenlang im Glauben, seine Mutter sei unter den Todesopfern. Er war zu dieser Zeit im Reichsarbeitsdienst im Innviertel eingesetzt. Nur durch Zufall erfuhr er zu Kriegsende, dass sie überlebt hatte und sich in einer Krankenbaracke in der Nähe von Linz befand. Dort traf er auf eine schwer gezeichnete Frau, die zeitlebens unter den Narben leiden sollte, die von ihren

ABB.10 Sophie Emmer mit ihren Kindern Friederike und Alois nach ihrer Entlassung aus dem Arbeitserziehungslager Schörgenhub, Gmunden 1945.

Verletzungen zurückblieben. Er war es auch, der die noch immer sehr geschwächte Mutter nach ihrer Entlassung im Spätsommer 1945 nach Hause brachte.[47] Bruno Ehmer sprach später kaum über seine Erlebnisse, doch sein jüngerer Bruder, der Historiker Josef Ehmer, schildert ihn als nachhaltig von diesen Geschehnissen geprägt. Insbesondere im hohen Alter begannen ihn die Angst, die er als junger Mensch erlebt hatte, und das Gefühl, einer Bedrohung hilflos ausgeliefert zu sein, in Form von Alpträumen zu quälen.

Widerstandshandlungen und ihre Verfolgung wirkten sich auch nach der NS-Zeit auf die betroffenen Frauen und ihre Familien aus. Für die Aufarbeitung des Erlebten war in den Nachkriegsjahren oft kein Raum, Ängste und Traumata wurden mitunter nie aufgelöst.

ABB.11 Josef und Maria Ehmer mit dem 1948 geborenen Sohn Josef und dem 19 Jahre älteren Sohn Bruno, ca. 1949.

Hinterfragen, kritisieren, zuwiderhandeln:

Alltagswiderstand

Nach der nationalsozialistischen Machtübernahme wurden auch in Oberösterreich die menschenverachtenden *„Nürnberger Rassengesetze“* ↓ eingeführt. Menschen wurden vom NS-Regime in zwei Kategorien eingeteilt: in die privilegierte Gruppe der als „arisch“ bezeichneten Bevölkerung und in als „minderwertig“ oder „schädlich“ stigmatisierte Menschen. Laut nationalsozialistischer Ideologie zählten dazu Personen, die als „jüdisch“, „krank“ oder als „Zigeuner“ und „Zigeunerinnen“ definiert wurden, oder solche, die homosexuell waren.[48] Während diese Gruppen ausgeschlossen, enteignet und schließlich auch systematisch ermordet wurden, konnten die „arischen“ Mitglieder der „Volksgemeinschaft“ mit Privilegien rechnen, vorausgesetzt sie hießen dieses unmenschliche System gut oder duldeten es zumindest.

Frauen der privilegierten Gruppe, die an humanistischen Werten wie Toleranz, Menschenwürde und Gewaltfreiheit festhielten und die Gesetze des NS-Regimes in ihrem täglichen Leben umgingen oder missachteten, leisteten Alltagswiderstand. Sie engagierten sich in der Regel nicht politisch und handelten alleine, aber sie gingen das Wagnis ein, anders zu denken und anders zu handeln als die Mehrheit. Sie halfen beispielsweise Verfolgten oder standen mit ihnen in Kontakt. Für Verfolgte bedeutete diese Unterstützung Hoffnung, so manchen rettete sie sogar das Leben. Die Bedeutung von Alltagswiderstand, der in vielen Fällen unbeobachtet blieb und, wenn überhaupt, nur im Familiengedächtnis überliefert wurde, kann demnach nicht hoch genug eingeschätzt werden.

Die Gesamtfälle an Alltagswiderstand sind nicht systematisch erfassbar, deshalb ist von einer hohen Dunkelziffer auszugehen. Die ausgewählten Beispiele stellen lediglich eine kleine Auswahl dar, die veranschaulicht, welche Formen Alltagswiderstand von Frauen im Nationalsozialismus in Oberösterreich annahm. Die Beweggründe der vorgestellten Frauen spielten bei der Auswahl keine Rolle, denn oft können wir aus heutiger Sicht nur mutmaßen, was Menschen dazu veranlasste, kritisch zu denken, gegen die geltenden Vorgaben zu handeln oder Verfolgten zu helfen. Hinter den Handlungen konnten politische, religiöse oder weltanschauliche Überzeugungen, wirtschaftliche Erwägungen, spontaner Ärger, Trauer angesichts einer Todesnachricht oder auch Zuneigung und Liebe stehen. Unabhängig von der Motivation waren die gesetzten Handlungen im Rahmen der damals

Mit der Erlassung der *„Nürnberger Rassengesetze“* am 15. September 1935 wurde die juristische Grundlage für die Ausgrenzung und in der Folge Verfolgung und Ermordung von als „jüdisch“ klassifizierten Personen geschaffen. Gestützt auf die pseudowissenschaftliche nationalsozialistische Rassenideologie, wurde im Detail definiert, wer als Jüdin oder Jude zu gelten hatte. Das sogenannte „Blutschutzgesetz“, das „Gesetz zum Schutze des deutschen Blutes und der deutschen Ehre“, verbot außerdem Ehen und intime Beziehungen zwischen „jüdischen“ und „arischen“ Bürger*innen. Das Eheverbot wurde auf als „Zigeuner“ und „Neger“ rassistisch klassifizierte Personen erweitert.[49]

geltenden Gesetze verboten und stellten eine zentrale Form des Widerstands gegen die Politik des Nationalsozialismus dar.

Nachrichten aus dem Ausland

Der Artikel 10 der Europäischen Menschenrechtskonvention legt das Recht auf eine freie Meinung fest: „Jede Person hat das Recht auf freie Meinungsäußerung. Dieses Recht schließt die Meinungsfreiheit und die Freiheit ein, Informationen und Ideen ohne behördliche Eingriffe und ohne Rücksicht auf Staatsgrenzen zu empfangen und weiterzugeben."[50] Im Nationalsozialismus galt diese Freiheit nicht. Insbesondere der Kontakt mit politischen Gegner*innen und das Einholen alternativer Informationen aus dem Ausland über das Radio waren unter teils schweren Strafen verboten. Bis September 1939 war das Hören ausländischer Radiosender noch unter der Bedingung erlaubt, dass gehörte „staatsfeindliche" Inhalte weder schriftlich noch mündlich weiterverbreitet werden durften. Politischen Gegner*innen, wie zum Beispiel Personen, die als Kommunist*innen verdächtigt wurden, war das Hören von Sendern wie „Radio Moskau" jedoch grundsätzlich untersagt. Am 7. September 1939 trat die „Verordnung über außerordentliche Rundfunkmaßnahmen" in Kraft und „das absichtliche Abhören ausländischer Sender" wurde generell verboten.[51]

Dennoch war das Hören sogenannter „Feindsender" weit verbreitet. Die Ebenseerin Hermine Stummer (geb. 1929) erinnerte sich in einem Interview, dass im Haus ihrer Mutter Hermine Schleicher (geb. 1905) regelmäßig englische und russische Sender gehört wurden: „Bei uns wurden immer Fremdsender gehört. Ich war ja noch ein kleines Mädchen und mußte am Abend immer früh zu Bett gehen. […] Über uns und unter uns wohnten lauter Nazi. Aber es kamen immer Leute zu uns zum Radiohören. Sie gaben eine alte Bettdecke über das Radio, steckten die Köpfte darunter und horchten."[52]

Über das Gehörte zu sprechen war riskant, da die Gefahr bestand, verraten und angezeigt zu werden. Selbst Gerüchte genügten für Nachforschungen, wie im Fall der Landwirtin Karoline Hartl, der vorgeworfen wurde, gemeinsam mit den auf ihrem Hof beschäftigten Zwangsarbeiter*innen „Feindsender" gehört zu haben. Ob und wem sie die gehörten Nachrichten weitererzählte, ist in ihrem Fall nicht klar. Hermine Schleicher hingegen nahm sich laut Erinnerung ihrer Tochter kein Blatt vor den Mund, „da es ja sehr viele interessierte Menschen gab, die aber viel zu feige waren, selber verbotene

Sender zu hören".[53] Sie wurde 1943 aufgrund ihrer illegalen kommunistischen Aktivitäten verhaftet und kam kurz vor Kriegsende im KZ Ravensbrück ums Leben.[54]

Auch die Eheleute Lindorfer aus Sarleinsbach dürften in ihrer Schneiderei relativ offen über die ausländischen Radionachrichten gesprochen haben und wurden nach einer Anzeige verhaftet. Im Oktober 1944 wurde Hermine Lindorfer (geb. 1899) vom Sondergericht Linz wegen Abhörens ausländischer Sender zu zwei Jahren Zuchthaus verurteilt.[55] Laut Verhandlungsschrift gab sie zu, wiederholt mit ihrem Mann den Schweizer Sender „Beromünster" und den Londoner Sender gehört, die Inhalte besprochen und jene des Schweizer Senders weitererzählt zu haben. Sie sagte aus, nicht gewusst zu haben, dass das Abhören von „Beromünster" strengen Strafen unter-

ABB.12 Hermine Schleicher mit ihrer Tochter Hermine kurz vor ihrer Verhaftung 1943.

liege. Als Milderungsgrund wurde neben ihrem Geständnis angeführt, dass sie weniger aus eigenem Antrieb gehandelt habe und „durch die Handlungsweise ihres Mannes zur Begehung der Straftat gekommen ist".[56] Frauen galten den NS-Behörden oft unverdächtiger, ihnen wurde weniger zugetraut, eigenmächtig gegen das NS-Regime zu handeln. Hermine Lindorfer war zunächst im Gefängnis des Landgerichts Linz inhaftiert und wurde im Dezember 1944 nach Ebersdorf bei Stuttgart überstellt, wo sie bis zum 21. April 1945 in einem Rüstungsbetrieb *Zwangsarbeit* ↓ leisten musste.[57]

Enttäuschung, Wut und Zweifel

„Wer öffentlich gehässige, hetzerische oder von niedriger Gesinnung zeugende Äußerungen über leitende Persönlichkeiten des Staates oder der NSDAP, über ihre Anordnungen oder die von ihnen geschaffenen Einrichtungen macht, die geeignet sind, das Vertrauen des Volkes zur politischen Führung zu untergraben, wird mit Gefängnis bestraft."[58] Mit diesem Paragraphen wurde der Grundstein für die Verfolgung jeglicher kritischen Äußerungen gegen das NS-Regime gelegt. Viele, die der nationalsozialistischen Herrschaft gegenüber negativ eingestellt waren oder die angesichts eines persönlichen Verlusts Wut und Trauer empfanden, dürften ihre Meinung und ihre Emotionen aus Selbstschutz für sich behalten haben. Wie hoch der Anteil an andersdenkenden Menschen wirklich war, lässt sich nur schwer feststellen. Wer Kritik gegenüber anderen äußerte, riskierte, strafrechtlich verfolgt zu werden. Denn sobald eine regimekritische Äußerung angezeigt wurde, traten weitere Paragraphen der nationalsozialistischen Gesetzgebung in Kraft, unter denen die Betroffenen angeklagt und verurteilt werden konnten. Dies betraf Frauen genauso wie Männer, auch wenn sich die Handlungsräume und Anklagegründe teilweise unterschieden.

Gegen Frauen kam oft der eingangs zitierte Paragraph 2 des sogenannten „Heimtückegesetzes" zur Anwendung, des „Gesetzes gegen heimtückische Angriffe auf Staat und Partei und zum Schutz der Parteiuniform".[59] Dieser stellte die Kritik an Führungspersonen und Einrichtungen des NS-Staates unter Strafe. Dazu gehörte etwa das Erzählen von Witzen oder das Schimpfen über den „Führer". Oft

Zur *Zwangsarbeit* wurden während des Nationalsozialismus Personen genötigt, die politisch oder rassistisch verfolgt wurden. Jüdinnen und Juden sowie Rom*nja und Sinti*ze wurden in Ghettos, Konzentrationslagern und Industriebetrieben zu schwerster körperlicher Arbeit eingesetzt und kamen dabei oft ums Leben. Mit Kriegsbeginn wurden außerdem Kriegsgefangene und Bewohner*innen aus besetzten Gebieten zur Zwangsarbeit verpflichtet. Unter diesen Zwangsarbeiter*innen aus dem Ausland waren die sogenannten „Ostarbeiter*innen" aus Polen oder der Sowjetunion am stärksten Gewalt und Diskriminierung ausgesetzt.

Karoline Hartl

Karoline Hartl (geb. 1893) wuchs als viertes von sechs Kindern in der Gemeinde Utzenaich, im Bezirk Ried im Innkreis, auf. Nach ihrer Heirat mit Josef Hartl bekam sie 1936 die elterliche Landwirtschaft überschrieben. Als ihr Mann im Jahr 1941 starb, musste sie diese alleine führen.[60]

Im Herbst 1943 kursierten Gerüchte, wonach Karoline Hartl Zwangsarbeiter*innen auf ihrem Hof ausländische Sender hören ließ, und es wurden Ermittlungen gegen sie eingeleitet. Der Leiter des Sicherheitsdienstes in Ried stellte während einer Beobachtung durch ein Fenster ihres Hofs fest, dass sie gemeinsam mit einer weiteren Frau den Londoner Sender hörte. In seinem Bericht beanstandete er außerdem ihr freundschaftlich-lockeres Verhältnis zu den ausländischen Zwangsarbeiter*innen.[61]

Hartl wurde am 15. Oktober 1943 festgenommen und in die Haftanstalt des Landgerichts Linz gebracht.[62] Sie sagte aus, den ausländischen Sender nur nebenbei und versehentlich gehört zu haben. In den Ermittlungsunterlagen findet sich auch eine Einschätzung von Karoline Hartls politischer Zuverlässigkeit. Ihr wurde die Unterstützung für die Vaterländische Front während der Dollfuß-Schuschnigg-Diktatur und ihr Umgang mit den bei ihr eingesetzten Zwangsarbeiter*innen vorgeworfen: „Ihr Ruf in persönlicher Hinsicht ist sehr zweifelhaft, nachdem sie es nicht versteht, Abstand zu den Fremdvölkischen zu bewahren. Weltanschaulich kann sie nicht als nat. soz. ausgerichtet bezeichnet werden.“[63]

Vom Sondergericht in Linz wurde Karoline Hartl zu 15 Monaten Zuchthaus verurteilt.[64] In das Strafausmaß war auch eine frühere Anzeige wegen einer illegalen Schlachtung einbezogen worden.[65] Bis Anfang Februar 1944 verbüßte sie die Haft im Linzer Landgericht und kam dann in das Frauenzuchthaus Aichach in Bayern.[66] Im Oktober 1944 wurde sie auf Ansuchen ihres Bruders, der sie dringend als Arbeitskraft für die Landwirtschaft brauchte, frühzeitig aus der Haft entlassen.[67]

Nach 1945 bemühte sich Hartl bei der Opferfürsorgestelle um Anerkennung als politisches Opfer des NS-Regimes. Ihre Ansuchen um finanzielle Zuwendung und die Ausstellung eines Opferfürsorgeausweises wurden aufgrund der erwähnten Verurteilung wegen Schwarzschlachtens abgelehnt.[68]

handelte es sich dabei um den spontanen oder sogar ungewollten Ausdruck von Wut in einer Alltagssituation: So stand Ärger über den Krieg und die politische Führung nicht selten in Zusammenhang mit dem Kriegseinsatz des Vaters, Bruders, Sohns oder Lebenspartners – oder der Nachricht über dessen „Heldentod". „Staatsfeindliche" Reaktionen nach Todesnachrichten wurden von den Behörden beobachtet und vom *Sicherheitsdienst (SD)*↓ gemeldet. So berichtete etwa der SD-Abschnitt Linz im Jänner 1943 folgenden Fall aus dem Kreis Grieskirchen: Als der Ortsgruppenleiter und der Ortsbauernführer von Wallern dem Bauern Johann Jungreuthmayr die Nachricht vom Tod seines Sohnes überbrachten, versetzte die Bäuerin dem Ortsgruppenleiter eine Ohrfeige und warf den Überbringern der Nachricht vor: „Ihr habt die Schuld, daß es soweit gekommen ist."[69] Beide Eheleute und deren Tochter beschimpften zudem die Vertreter des NS-Staates als „Gauner, Verbrecher, Bagage". Der Bericht schließt mit den Worten: „Wenn tätliche Beleidigungen Politischer Leiter in solchen und ähnlichen Zusammenhängen bisher nicht zu verzeichnen waren und auch als Einzelfälle besonderer Art angesprochen werden können, geben sie doch Zeugnis von den in Gegnerkreisen herrschenden Auffassungen und der sich mit längerer Dauer des Krieges mehr und mehr steigenden Gereiztheit und Animosität gegen die Partei."[70]

Auch persönliche Entbehrungen bzw. Ärger über die zunehmend schlechte Versorgungslage konnten zu kritischen Äußerungen führen wie im Fall der in St. Peter am Hart im Innviertel lebenden Hilfsarbeiterin Paula Uhrmann (geb. 1891). Diese versuchte durch den Verkauf von Gewürzen als fahrende Händlerin ihr Einkommen aufzubessern. Als sie im November 1939 in Kirchberg im Bezirk Braunau am Inn unterwegs war, soll sie folgende Aussage getätigt haben: „Ich mag den Hitler nicht, der gibt mir nichts ab, wär eh nicht schade gewesen, wenn's ihm [sic!] erwischt hätte beim Münchner Anschlag."[71] Uhrmann wurde angeklagt, bestritt aber ihre Aussage und gab an, lediglich unerlaubt hausieren gegangen zu sein. Sowohl bei der Anzeige als auch bei den Strafverfahren spielte die politische Beurteilung durch NSDAP-Funktionäre eine wichtige Rolle.[72] Uhrmanns Beurteilung fiel negativ aus – in einem Schreiben der NSDAP-Ortsgruppe von St. Peter am Hart wurde unter anderem festgestellt, dass sie „einen politisch absolut schlechten Ruf" habe und

Der *Sicherheitsdienst* (SD) des Reichsführers SS war der Geheimdienst der NSDAP. Er wurde 1931 auf Befehl von Heinrich Himmler gegründet. Seit 1933 kooperierte er eng mit der Geheimen Staatspolizei (Gestapo), 1939 wurde der SD mit der Sicherheitspolizei zum Reichssicherheitshauptamt zusammengelegt. Neben der geheimdienstlichen Überwachung der Bevölkerung war der SD auch an der Ermordung der jüdischen Bevölkerung und politischer Gegner*innen in den von der Wehrmacht besetzten Gebieten beteiligt.

mit „allen möglichen Ausflüchten dem normalen und geregelten Arbeitseinsatz zu entgehen sucht“.[73] Das Sondergericht Linz verurteilte Paula Uhrmann wegen Vergehens gegen das „Heimtückegesetz“ zu eineinhalb Jahren Gefängnis.

Wie im Fall von Rundfunkvergehen ging auch einer Anklage wegen „Heimtücke“ in der Regel eine Denunziation voraus. Selbst im vermeintlich privaten Rahmen konnte man sich nicht sicher fühlen; zudem waren die Grenzen zwischen öffentlichem und privatem Raum insbesondere bei Frauen oft fließend. Die Welser Geschäftsfrau Anna Herlitz kam bei einem Besuch ihrer Patentochter und deren Ehemann auf den ersten Bombenangriff auf Wels zu sprechen und machte abschätzige Bemerkungen über hohe NS-Funktionäre. In einer Niederschrift aus der Nachkriegszeit gab sie an, den NS-Propagandaminister Joseph Goebbels und Gauleiter August Eigruber als Gauner und Lügner beschimpft zu haben. Außerdem habe sie ihr Unverständnis über das Fortdauern des Kriegs ausgedrückt, „wo wir doch alle verloren sind“.[74] Sie bemerkte nicht, dass die Gäste ihre Meinung nicht teilten. Erst als sie zur Gestapo in Linz vorgeladen wurde und der Gestapobeamte Johann Haller ihre Äußerungen wortwörtlich vorlegte, wurde ihr klar, dass sie denunziert worden war.

Bereits das Weitererzählen oder Nichtanzeigen von Gerüchten konnte zu einer Anzeige führen, wie im Fall der in Linz lebenden Blumen- und Beerenverkäuferin Maria Pötscher (geb. 1878). Im Februar 1939 erzählte sie in der Bahnstation Micheldorf im Bezirk Kirchdorf einem Reichsbahnangestellten, von der schlechten Behandlung von Soldaten in Kasernen in Enns und Linz gehört zu haben. Außerdem kritisierte sie die Arbeitsverhältnisse in den *Hermann-Göring-Werken* ↓: „Die Göringwerke in Linz sind Arbeiterfriedhöfe. Dort verunglücken täglich Arbeiter, weil diese fortwährend zur Arbeit angetrieben werden und diesen daher keine Zeit gelassen wird zur Vorsicht. Wenn der Göring einmal nach Linz kommen sollte, wird er von den Arbeitern erschlagen.“[75] Laut Zeugenaussage habe sie sich auch über das „Eintopfgericht, was die Armen in Linz erhalten“,[76] beschwert und angemerkt, dass sie vor der nationalsozialistischen Machtübernahme mehr staatliche Unterstützung erhalten hätte. Der Reichsbahnangestellte wandte sich an seinen Vorgesetzten, beide meldeten den Vorfall der NSDAP-Ortsgruppenleitung.[77] Maria

Die *Hermann-Göring-Werke* (HGW) – heute Voestalpine – in Linz waren Teil der „Reichswerke Aktiengesellschaft für Erzbergbau und Eisenhütten Hermann Göring“, die in Berlin im Juli 1937 gegründet wurde. Am 15. Oktober 1941 wurde der erste Hochofen zum Schmelzen von Roheisen in Linz in Betrieb genommen. Die Produktion unterstand gänzlich dem deutschen Rüstungsinteresse. Bereits vor Kriegsbeginn wurden ausländische Arbeitskräfte eingesetzt, um den Arbeitskräftemangel auszugleichen, mit zunehmender Kriegsdauer stieg die Zahl der Zwangsarbeiter*innen.[78]

Pötscher bestätigte bei ihrer Vernehmung vor der Gestapo in Linz die Vorwürfe, entgegnete aber, sie habe nicht gewusst, dass das Weitererzählen dieser Gerüchte strafbar wäre, „umso weniger[,] weil es mir ja auch erzählt worden ist".[79] Die Gestapo veranlasste die Einleitung eines Strafverfahrens, über den Ausgang sind keine Informationen erhalten.

Als weiteres schwerwiegendes Vergehen gegen das „Heimtückegesetz" galt die Verweigerung des Hitlergrußes. Die Landwirtin Maria Huemer (geb. 1897) aus Unterstiftung im Bezirk Urfahr-Umgebung hätte dem Postboten im Oktober 1943 untersagt, sie mit dem Hitlergruß zu grüßen. Im Protokoll des Gendarmeriepostens Leonfelden wird ihr die Aussage, „Der [Führer] ist sowieso bald erledigt", in den Mund gelegt.[80] Ihren Unmut erklärte sie mit wirtschaftlicher Not und dem Kriegseinsatz ihrer drei Söhne, von denen bereits einer gefallen war. Huemers politische Beurteilung legte ihr unter anderem zur Last, in ihrer Verwandtschaft Personen zu haben, die im Zusammenhang mit der sogenannten „Österreichischen Freiheitsbewegung", einem Zusammenschluss von katholisch- konservativen Widerstandsgruppen, inhaftiert waren. Zudem sei sie „aufsässig und böswillig", zeige keine „Opferwilligkeit" und sei insgesamt politisch unzuverlässig.[81] Maria Huemer wurde im März 1944 zu fünf Monaten Gefängnis verurteilt, weil sie „gehässige Äußerungen gegen den deutschen Gruß und den Führer gemacht" habe.[82] Der Fall ist ein Beispiel dafür, dass sich vor Gericht auch die politische Einstellung von Ehemännern, Verwandten sowie Bekannten auf das Strafausmaß auswirken konnte.

Andere waren beim Umgehen des Hitlergrußes erfinderischer, wie Maria Wagner (geb. 1936) aus Ebensee 2003 in einem Interview berichtete: „In der Schule haben wir immer grüßen müssen. Heil Hitler haben wir sagen müssen. Und wir haben immer gesagt: Drei Liter. Das haben wir immer gesagt: Drei Liter. Wissen S' eh, wie Kinder sind".[83]

Als „Heimtücke" konnte auch geahndet werden, wenn Frauen sich weigerten, die zunehmende Politisierung des Privatlebens mitzutragen. Das NS-Regime hatte zum Ziel, alle gesellschaftlichen Bereiche zu kontrollieren, um jegliche Abweichung zu unterbinden. Dies betraf auch traditionell weibliche Lebensbereiche wie Ehe, Haushaltsführung, Kindererziehung und Säuglingspflege.[84] Insbesondere mit der Kindererziehung hatten Frauen, die das Regime als zentrale Trägerinnen der „Deutschen Volksgemeinschaft" betrachtete, einen wichtigen gesellschaftlichen Einflussbereich bzw. Handlungsspielraum. Sie konnten diese Erwartungen erfüllen, aber auch untergraben, indem sie die Kinder der Vereinnahmung durch NS-Jugendorganisationen und Erziehungsinstitutionen entzogen.

Mehrmals bewies Maria Wagners Mutter den Mut, für ihre Kinder einzutreten. Einmal, so erinnerte sich Wagner, habe ihre Mutter ihren Bruder von abendlichen Heimstunden der Hitlerjugend, bei denen die Buben spät abends mit Fackeln marschieren und singen mussten, mit den Worten abgeholt: „Der Bub geht jetzt heim. Die Buben gehören ins Bett. Der Krieg ist ja eh schon verloren. Was wollen Sie da noch mit den Buben."[85] Als sie zur Gendarmerie geladen wurde, habe sie ihre Kinder mitgenommen und gemeint: „Na, [...], nehmen Sie mich mit ins KZ. Mit meinen Kindern. Wenn Ihnen das so eine Freude macht."[86] Die Frau wurde verwarnt, blieb aber von weiteren Strafen verschont. Ein anderes Mal widersetzte sie sich, als ihr 15-jähriger Sohn trotz einer schweren Erkrankung für den Arbeitsdienst eingezogen werden sollte. Ihre Mutter, so Maria Wagner, habe dem Vertreter des Gemeindeamts aus Protest eine Ohrfeige angedroht: „Sie war sehr tapfer. Eine starke Frau."[87]

Kritik am Krieg

Skepsis an der Unbesiegbarkeit der Wehrmacht zu äußern, konnte besonders folgenschwer ausgehen. Dies fiel in der Regel unter den Straftatbestand „Zersetzung der Wehrkraft" der Kriegssonderstrafrechtsverordnung.[88] Er kam mit Fortschreiten des Kriegs vermehrt zur Anwendung, und in Fällen, die als besonders schwerwiegend beurteilt wurden, drohte sogar die Todesstrafe. Die aus der Tschechoslowakei stammende Schneiderin Rosa Bilek (geb. 1895) kam mit einer vergleichsweise milden Strafe davon. Ihr wurde vorgeworfen, im Dezember 1941 bei einem Besuch bei einer ihr bekannten Familie Hitler als Verbrecher bezeichnet und an den Siegesaussichten der deutschen Truppen gezweifelt zu haben. Außerdem habe sie hinzufügt, „man solle den Deutschen nur gleich den Schädel einhauen, sie danke dem Herrgott, dass sie keine Deutsche sei".[89] Bilek bestritt die Vorwürfe, ihre Äußerungen seien missverstanden worden. Die NS-Beamten beriefen sich im Urteil auf ihre Abstammung und attestierten ihr eine „das Deutschtum ablehnende tschechische Einstellung“.[90] Sie wurde auf Grundlage des „Heimtückegesetzes“ zu fünf Monaten Gefängnis verurteilt, die sie in der Haftanstalt Linz verbüßte.[91] Wie der General-

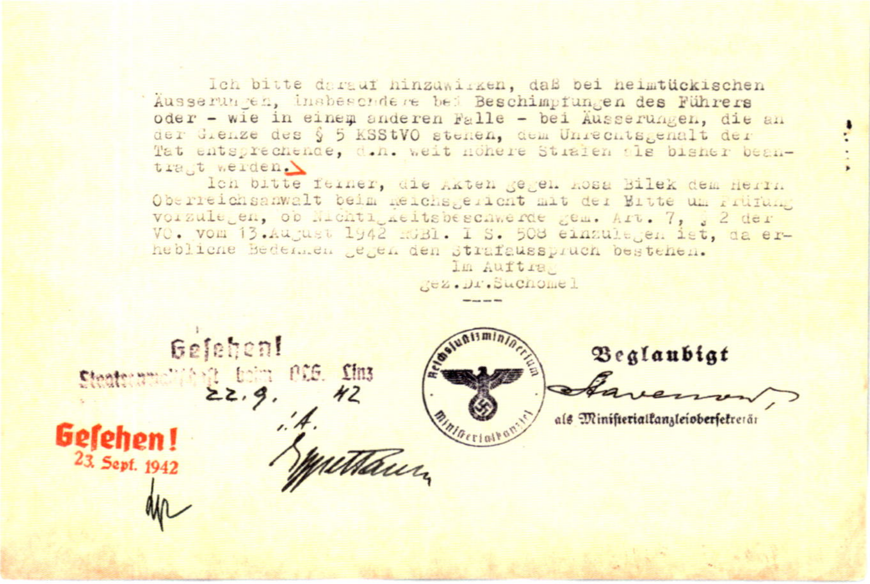

Ich bitte darauf hinzuwirken, daß bei heimtückischen Äusserungen, insbesondere bei Beschimpfungen des Führers oder - wie in einem anderen Falle - bei Äusserungen, die an der Grenze des § 5 KSStVO stehen, dem Unrechtsgehalt der Tat entsprechende, d.h. weit höhere Strafen als bisher beantragt werden.

Ich bitte ferner, die Akten gegen Rosa Bilek dem Herrn Oberreichsanwalt beim Reichsgericht mit der Bitte um Prüfung vorzulegen, ob Nichtigkeitsbeschwerde gem. Art. 7, § 2 der VO. vom 13.August 1942 RGBl. I S. 508 einzulegen ist, da erhebliche Bedenken gegen den Strafausspruch bestehen.

Im Auftrag
gez.Dr.Suchomel

Gesehen!
Staatsanwaltschaft beim OLG. Linz
22.9. 42
i.A.

Reichsjustizministerium
Ministerialkanzlei

Beglaubigt
als Ministerialkanzleiobersekretär

Gesehen!
23. Sept. 1942

staatsanwalt in Linz in einem Schreiben wissen ließ, wurde diese Strafbemessung vom Justizministerium in Berlin als zu gering eingeschätzt und auf eine härtere Bestrafung in ähnlichen Fällen gedrängt.[92]

Die in Pasching lebende Witwe Katharina Kaiser (geb. 1878) wurde wegen eines ähnlichen Vergehens zu zwei Jahren Zuchthaus verurteilt. In der Vorweihnachtszeit des Jahres 1942 hatte sie sich in ihrer Werkstatt gegenüber einem Ehepaar pessimistisch über den Kriegsausgang geäußert: „Werft Eure Uniform weg, es nützt sowieso nichts mehr, bei Stalingrad ist alles eingeschlossen, der Krieg ist ja bereits verspielt, er ist bald aus.“[93] Anders als bei Rosa Bilek, wurde Katharina Kaisers Vergehen als „Wehrkraftzersetzung“ angeklagt. Vor Gericht gab sie die Aussagen zu und begründete sie mit ihrer Sorge um Verwandte an der Ostfront. Das Gericht bewertete ihre politische Einstellung generell als fragwürdig, da sie wiederholt gefordert habe: „Die Braungestiefelten sollen auch einmal einrücken.“[94]

ABB.13 Das Justizministerium in Berlin forderte im Zusammenhang mit Rosa Bileks Verurteilung eine Verschärfung des Strafausmaßes für die Delikte „Wehrkraftzersetzung“ und „Führerbeleidigung“, September 1942.

Mit besonderer Härte wurden auch regimekritische oder „demoralisierende“ Briefe an Frontsoldaten geahndet und zum Teil mit dem Tod bestraft. Paula Mitterhauser (geb. 1927) aus Losenstein rettete ihr jugendliches Alter vor der Todesstrafe, wie sie in einem Interview erzählte.[95] Sie war erst 16 Jahre alt, als sie ihrer Jugendliebe im Frühjahr 1944 verschlüsselte Briefe an die Front schickte. Diese enthielten Zweifel an den Siegesaussichten der deutschen Wehrmacht und Aussagen wie „Der Hitler ist ein Mörder“. Einige dieser Briefe wurden von der Zensur geöffnet und entschlüsselt und Mitterhauser wurde vor dem Oberlandesgericht (OLG) Wien zu zwei Jahren Jugendgefängnis verurteilt.[96]

Die in Linz lebende Lehrerin Hermine Lohninger (geb. 1902) hingegen wurde in einem ähnlichen Fall zum Tod verurteilt und hingerichtet. Das Urteil des OLG Wien vom 6. Juni 1944 schildert, wie sie in mehreren Briefen an ihren Bruder Walter, der als Funker in einer Wiener Kaserne eingerückt war, ihre „regierungsfeindliche Einstellung“ geäußert hatte. Sie kritisierte die Kriegsführung sowie Hitler, den sie als „Totengräber des deutschen Volkes“ bezeichnete, wünschte sich ein nahes Kriegsende herbei und berichtete von einer sich ausbreitenden pessimistischen Stimmung in der Bevölkerung: „… niemand glaubt mehr an einen Sieg.“[97] Im Urteil heißt es weiter, dass die „wehrkraftzersetzenden“ Inhalte der Briefe dazu führten, „ihren eingerückten Bruder zum Ungehorsam gegen Vorgesetzte zu verleiten und die Manneszucht in der deutschen Wehrmacht zu untergraben“.[98] Ihr Bruder Walter Lohninger war bereits im Februar 1944 in Berlin wegen seiner „wehrkraftzersetzenden“ Briefe hingerichtet worden.

Im Gefängnis des Bezirksgerichts Urfahr wurde Hermine Lohninger schwer misshandelt, wie die Mitgefangene Anna Riedl nach dem Krieg zu Protokoll gab. Mehr als eine Woche lang war sie ohne Decke im Keller eingesperrt, hatte nur jeden zweiten Tag Nahrung erhalten und sei immer wieder von dem Gestapobeamten Johann Haller mit den Füßen getreten worden. Anna Riedl berichtete weiter, dass Lohninger sie gebeten habe, sie zu „rächen und insbesondere an den Tag [zu] bringen, wie sie von Haller misshandelt und geschlagen wurde, da sie selbst hierzu keine Möglichkeit mehr haben werde“.[99] Hermine Lohninger wurde am 2. August 1944 im Wiener

Landesgericht hingerichtet. „Ich sterbe für meinen Glauben“, waren laut eines Eintrags im Sterbebuch der Gefangenenseelsorge Lohningers letzte Worte.[100]

Verbotene Freundschaften und Liebesbeziehungen

Von den Mitgliedern der „arischen Volksgemeinschaft“ erwartete das Regime uneingeschränkte Loyalität und ein Denken und Handeln im Sinne der NS-Ideologie. Dies bedeutete unter anderem möglichst keinen Kontakt mit Menschen zu haben, die nicht den nationalsozialistischen Idealen entsprachen. Insbesondere Liebesbeziehungen und Ehen sollten nur zwischen deutschen oder „artverwandten“ Partner*innen eingegangen werden. So war „Nichtjüdinnen und -juden“ eine Ehe mit „jüdischen“ Partner*innen verboten. Geregelt wurde dies im sogenannten „Blutschutzgesetz“ aus dem Jahr 1935, das zu den „Nürnberger Rassengesetzen“ gezählt wird.[101] Unerwünscht waren ebenso Beziehungen mit „Zigeuner[n], Neger[n] und ihre[n] Bastarde[n]“, aber beispielsweise auch Personen aus asiatischen Ländern.[102]

ABB.14 Die Lehrerin Hermine Lohninger aus Linz (3. v. l.) vor ihrer Verhaftung, Datum unbekannt.

Paula Mitterhauser

Die Kindergärtnerin Paula Mitterhauser (geb. 1927) war die Tochter des sozialdemokratisch eingestellten Bahnvorstehers in Losenstein. In einem Interview im Jahr 2005 erzählte sie, der Hauptschule verwiesen worden zu sein, da sie und eine Freundin den Hitlergruß verweigert hatten – „weil wir den Hitler nicht gemocht haben".[103] Als ausschlaggebend für ihre Ablehnung des Nationalsozialismus bezeichnete sie einen Vorfall, bei dem ihr Vater von SA-Männern schwer attackiert worden war: „Und da ist mir als Kind schon eine Wut aufgekommen. Ich hab einfach eine Wut gehabt, das darf doch nicht wahr sein, die sind ja brutal."[104]

Als die 16-Jährige im Frühjahr 1944 verschlüsselte Briefe an ihre Jugendliebe Hans an die Front schickte, wurden diese von der Zensur abgefangen und die Geheimschrift entziffert. Sie hatte sich in ihren Briefen mit Kritik am NS-Regime und am Krieg nicht zurückgehalten, weshalb die Inhalte als „wehrkraftzersetzend" bewertet wurden. Die Gestapo führte daraufhin in ihrem Elternhaus eine Hausdurchsuchung durch und entdeckte weiteres belastendes Material, wie ein als „staatsfeindlich" eingeschätztes Flugblatt.[105] Paula Mitterhauser und etwas später auch ihre Mutter wurden verhaftet, ihr Vater versteckte sich bei Bekannten.

Die Jugendliche befand sich zuerst in Einzelhaft in Steyr. Sie erinnerte sich an nächtliche Kreuzverhöre, die sie als „Gehirnwäsche" bezeichnete, und an die ständige Angst, jemanden zu verraten. Einer versuchten Vergewaltigung durch einen Aufseher entkam sie nur knapp durch das laute Bellen der Wachhunde. Danach wurde sie nach Linz und später nach Wels überstellt.[106]

Am 3. Jänner 1945 wurde Paula Mitterhauser vom Oberlandesgericht (OLG) Wien wegen „Wehrkraftzersetzung" und „Ungehorsam gegen Regierungsanordnungen" zu zwei Jahren Jugendgefängnis verurteilt und bis Kriegsende in der Jugendstrafanstalt Hirtenberg in Niederösterreich inhaftiert. Es wurde angenommen, die politische Einstellung ihres Vaters habe sie zu ihren Handlungen verleitet.[107]

Der Richter habe ihr eigentlich ein Todesurteil vorgelesen, das vollstreckt werden sollte, sobald sie 18 Jahre alt wäre. Als letzten Wunsch gab sie an, ihre Mutter Maria Mitterhauser noch einmal sehen zu wollen. Bei diesem Zusammentreffen flüsterte sie dieser, vermutlich in der Hoffnung auf die baldige Niederlage der deutschen Truppen, ins Ohr: „Mama tua da nix an, wir kommen eh bald heim."[108] Maria Mitterhauser überlebte die Haft jedoch nicht, sie kam im März 1945 bei dem Bombenangriff auf das Frauengefängnis Kaplanhof in Linz ums Leben.

Paula Mitterhausers Jugendliebe Hans, dem aufgrund des Briefverkehrs ebenfalls eine Inhaftierung wegen „Wehrkraftzersetzung" drohte, entkam der Verfolgung durch Desertion und kehrte nach dem Krieg nach Losenstein zurück.[109]

Mit Kriegsbeginn traten weitere Vorschriften in Kraft, die den Umgang mit der wachsenden Zahl der Kriegsgefangenen und Zwangsarbeiter*innen kriminalisierten.[110] Darunter fielen freundschaftliche, romantische oder sexuelle Beziehungen genauso wie kurze Gespräche. Wo ein Zusammentreffen nicht vermieden werden konnte, wie zum Beispiel bei der Arbeit in Betrieben oder in der Landwirtschaft, sollte der Kontakt auf das Notwendigste beschränkt werden. Selbst flüchtige Kontakte konnten Haftstrafen und, wie im Fall Johanna Pichlers (geb. 1894), große finanzielle Nachteile nach sich ziehen. Weil diese in ihrer Gastwirtschaft in Enns ein Zechgelage geduldet und dabei einem Kriegsgefangenen eine Halskette abgekauft sowie von ihm eine Zigarette angenommen hatte, wurde sie im April 1943 vom Landesgericht Steyr zu zweieinhalb Monaten Gefängnis verurteilt. Zudem wurde ihr die Gast- und Schankgewerbekonzession entzogen, die ihre Existenzgrundlage darstellte.[111]

Besonders hart wurden Vorwürfe geahndet, Geschlechtsverkehr mit Kriegsgefangenen oder zivilen Zwangsarbeiter*innen zu haben, dies konnte langjährige Haftstrafen oder sogar die Einweisung in ein KZ zur Folge haben. Die Landarbeiterin Sophie P. (geb. 1912) war in Molln im Bezirk Kirchdorf tätig, als sie im Dezember 1941 wegen „Geschlechtsverkehrs mit einem Ukrainer" von der Gestapo festgenommen, in das Polizeigefangenenhaus in Linz eingeliefert und verhört wurde. Auch der betroffene Mann, Michael H., wurde festgenommen, über sein weiteres Schicksal ist nichts bekannt. Sophie P. wurde im Februar 1942 in das Frauenkonzentrationslager Ravensbrück überstellt und war dort bis Mai 1944 inhaftiert.[112] Ähnlich hart bestraft wurde die Landarbeiterin Aloisia Hofinger (geb. 1922), die aufgrund ihrer Schwangerschaft von einem polnischen Kriegsgefangenen in Konflikt mit der „Verordnung über den Umgang mit Kriegsgefangenen" gekommen war und ebenfalls in das KZ Ravensbrück eingeliefert wurde.[113]

Im Fall von Anna M. (geb. 1898) aus Schenkenfelden im Bezirk Urfahr-Umgebung wurde angenommen, sie habe romantische Beziehungen zu einem Kriegsgefangenen unterhalten, der im landwirtschaftlichen Betrieb ihres Vaters tätig war. Die NS-Behörden wurden auf sie aufmerksam, weil sie ein Lebensmittelpaket an den zu diesem Zeitpunkt bereits entlassenen Kriegsgefangenen in das Kriegsgefangenen-Stammlager Krems-Gneixendorf schickte.[114] Eine Liebesbeziehung konnte ihr nicht nachgewiesen werden, aber das Beschenken des Kriegsgefangenen wurde als „freundschaftliche Beziehung"

ausgelegt, „die ihrer als deutsches Mädchen einem dem Feindstaate angehörigen Manne gegenüber unwürdig ist".[115] Anna M. wurde der Strafvollzug aber nur angedroht. Begründet wurde die Entscheidung des Landgerichtes Linz im Urteil vom 9. Mai 1941 unter anderem damit, dass ihr die Einschätzung der Situation nicht zugetraut wurde: „Da jedoch die Angeklagte als Tochter des Arbeitgebers ebenso in der Landwirtschaft tätig und schon dadurch öfters mit dem Kriegsgefangenen bei der Arbeit in persönliche Fühlung kam, ist mit Grund anzunehmen, daß sie bei ihrem Bildungsgrade keinen Unterschied mehr zu machen brauchte zwischen beruflicher Aussprache und Verhalten außerhalb der Arbeit."[116]

Eine andere Form der Stigmatisierung und Demütigung erfuhr die Magd Maria S. im November 1941 in Neufelden. Sie wurde beschuldigt, ein sexuelles Verhältnis mit einem französischen Kriegsgefangenen zu haben. Um diese Anschuldigungen zu entkräften, ließ sie sich von einem Linzer Arzt ein „Zeugnis der Unberührtheit" ausstellen. Dennoch ließ sie der damalige NS-Ortsgruppenleiter von

ABB.15 Aloisia Hofinger (2. v. l.) mit der ukrainischen Zwangsarbeiterin Natascha, dem Bauernsohn Franz und dem ukrainischen Zwangsarbeiter Stefan auf einem Bauernhof bei Ottensheim, ca. 1944.

Aloisia Hofinger

Aloisia Hofinger (geb. 1922) wuchs in ärmlichen Verhältnissen in einer Arbeiterfamilie in Walding bei Linz auf. Als Magd auf einem Bauernhof verliebte sie sich in den polnischen Zwangsarbeiter Josef Gowdek und wurde von ihm schwanger.[117] Nach einer Denunziation wurden beide verhaftet und verhört. Aloisia Hofinger wurde bis zur Geburt ihrer Tochter Anfang Juli 1942 frei gelassen, und vier Monate später von der Gestapo erneut festgenommen: „Ich bin noch schnell zu meinem Kind gelaufen, um Abschied zu nehmen. Ich wusste ja nicht, was mit mir geschehen wird", erinnert sich Aloisia Hofinger in ihrem Jahre später verfassten Bericht „Eigene Gedanken zu meiner KZ-Haft".[118]

Sie wurde nach Linz zur Gestapo gebracht und von dort in das Frauen-KZ Ravensbrück überstellt. Josef Gowdek wurde ebenfalls festgenommen und nach schweren Misshandlungen hingerichtet.[119] In Ravensbrück musste sie den „roten Winkel" an ihrer Kleidung tragen, mit dem „politische Häftlinge" gekennzeichnet wurden. Aber auch Frauen, die aufgrund von „Rundfunkdelikten", der Hilfe für Verfolgte, „Sabotage" oder wegen „verbotenen Umgangs" inhaftiert waren, wurden zu dieser Gruppe gerechnet.[120]

Aloisia Hofinger berichtet, dass sie im Lager zunächst Arbeiten wie Kohle schleppen oder Straßenkehren verrichten musste: „Und immer die Aufseherin dabei, meistens eine zweite mit einem Schäferhund und die Peitsche durfte nicht fehlen."[121] Als „Glück" empfand sie die Zuweisung zur Zwangsarbeit im Siemenslager, das sich außerhalb des Lagers befand, nun musste sie nicht mehr stundenlang in der Kälte arbeiten. Vor den Schlägen und Hieben der Aufseherinnen war sie aber auch hier nicht sicher: „Es wurde ja immer geschlagen. Einmal war ich dran. Ich wusste gar nicht warum."[122] Ihre kleine Tochter, die sie bei den Bauersleuten zurücklassen musste, starb während ihrer Haft in Ravensbrück: „Ich konnte zuerst gar nicht weinen und dann dankte ich dem Herrgott, das [sic!] er sie in den Himmel aufgenommen hat."

Frauen, die aufgrund „verbotenen Umgangs" im Nationalsozialismus verfolgt wurden, waren nach ihrer Rückkehr aus der Haft oft mit Vorurteilen konfrontiert und stigmatisiert. Auch Aloisia Hofinger schrieb über ihre Scham und das Unbehagen: „Es war ja so furchtbar, man war ja von der Gesellschaft ausgeschlossen. Endlich ist die Zeit gekommen, das [sic!] ich heimfahren konnte. Es war dann alles so fremd und so leer." Hilfreich war die Unterstützung ihrer ehemaligen Arbeitgeber: „Aber meine Bauersleute standen sehr zu mir, das [sic!] ich wieder Boden fassen konnte."[123]

Neufelden verhaften. Maria S. wurden die Haare kurz abgeschnitten und zwei Schilder mit den Worten umgehängt: „Zu einer Zeit wo deutsche Soldaten kämpfen, küsse ich Schwein Kriegsgefangene.“[123a]

Auch Elisabeth R. (geb. 1921) wurde unterstellt, Geschlechtsverkehr mit einem polnischen Kriegsgefangenen gehabt zu haben. Sie war im Jahr 1941 im Linzer Bischöflichen Gymnasium Petrinum als Dienstmagd in der Landwirtschaft tätig und berichtete, neben ihrer eigenen Wäsche auch die zweier polnischer Kriegsgefangenen gewaschen zu haben: „Aus reinem Mitleid habe ich auch die Wäsche der beiden Polen mitgewaschen und zum Teil auch geflickt. Ich hatte doch keine Ahnung (ich war doch ein einfaches Laufmädchen), daß auch das verboten sei.“[124] Nach der Verhaftung durch die Gestapo kam sie in das Polizeipräsidium in Linz. Mit Zwischenstopps wurde sie im Jänner 1942 zuerst in das KZ Ravensbrück und nach wenigen Monaten in das Vernichtungslager Auschwitz-Birkenau deportiert. Im Juli 1943 wurde Elisabeth R. wieder entlassen und konnte nach Hause zurückkehren. Nach dem Krieg bemühte sie sich bei der Opferfürsorgestelle um finanzielle Unterstützung: „Da ich als damals 20-jähriges Landmädchen wirklich ganz unschuldig dieses nicht zu sagende Grauen mitmachen mußte, bitte ich nochmals mich als politischen Häftling anzuerkennen.“[125] Ihr Ansuchen wurde zunächst abgelehnt und erst nach dem Einholen weiterer Informationen bewilligt. Ausschlaggebend für die Anerkennung war vermutlich, dass sie durch einen Zeugen nachweisen konnte, keinen intimen Kontakt zu polnischen Kriegsgefangenen gepflegt zu haben. Damit galt sie als politisches Opfer.[126]

Hilfe für Verfolgte

Unter „verbotenen Umgang“ fielen auch Hilfsleistungen für Kriegsgefangene, die nicht auf einer persönlichen Beziehung, sondern auf menschlichem Mitgefühl beruhten. Dafür konnten religiöse, moralische, und politische Überzeugungen bzw. eine Ablehnung der NS-Ideologie ein Grund sein. Theresia Pfarrwallner (geb. 1923) wuchs in einem sozialistischen Umfeld auf. Sie war das Kind eines Eisenbahners, der im Stellwerk am Bahnhof in Schärding beschäftigt war. In einer Baracke neben diesem Gebäude waren Kriegsgefangene

untergebracht, die unter anderem für Kanalgrabungen in der Schärdinger Vorstadt eingesetzt wurden. Bei diesen Grabungen sah Theresia Pfarrwallner die „ausgemergelten Körper“ und schob den Kriegsgefangenen immer wieder unter dem Zaun Brot, Äpfel und andere Lebensmittel zu. Eines Tages kamen die kriegsgefangenen „Russen“ mit einem Ballen blau-weiß gestreiften Stoff zu ihrem Vater ins Stellwerk und fragten ihn, ob seine Tochter einige Hemden daraus nähen könne. Theresia Pfarrwallner, die gelernte Schneiderin war, stellte aus dem Stoff fünf einfache Hemden her. Zum Dank flochten ihr die Männer einen großen Korb aus Weiden. Theresias Hilfestellung wurde nicht angezeigt und die junge Frau blieb somit unbehelligt. Den Korb besitzt sie noch heute.[127]

Weniger Glück hatte die gelernte Damenschneiderin Pauline Ritter (geb. 1896). Gemeinsam mit ihrem Mann und ihren drei Kindern bewohnte sie in Ebensee eine Wohnung, deren Fenster zum Teil auf den Fabrikshof der Solvay-Werke blickten, wo ihr Mann als Betriebsmeister tätig war. Ritter wurde im Oktober des Jahres 1940 dabei beobachtet, wie sie Pakete mit Lebensmitteln aus dem Fenster in den Hof warf, in dem sich belgische Kriegsgefangene aufhielten. Bei ihrer Vernehmung gab sie zu, den Kriegsgefangenen aus Mitleid

ABB.16 Der Weidenkorb, den Theresia Pfarrwallner von Kriegsgefangenen zum Dank für ihre Unterstützung erhielt, ist bis heute in ihrem Besitz, 2020.

wiederholt solche Pakete zugeworfen zu haben: „In dieser Situation und geführt von Gedanken des Mitleides habe ich mich vor einigen Wochen zum ersten Mal nach reiflicher Überlegung entschlossen, den Kriegsgefangenen kleine Geschenke, bestehend aus Lebensmitteln zukommen zu lassen."[128] Pauline Ritter gab an, nie einer politischen Partei angehört zu haben, ihr Mann sei bis 1934 Sozialdemokrat gewesen, allerdings ohne Funktion. Bei Ermittlungen der Gestapo zur politischen Beurteilung der Eheleute wurden sie als „radikal politisch links" eingestuft, wobei Pauline Ritter den Ruf habe, engagierter zu sein als ihr Mann. Daher wurde das Zuwerfen der Pakete „nicht etwa aus Mitleid, sondern als reine Opposition gegenüber den heutigen wirtschaftlichen und politischen Verhältnissen von Seite der Pauline Ritter gewertet".[129] Ritter wurde vom Landgericht in Linz im Dezember 1940 zu vier Monaten Gefängnis verurteilt. Als erschwerend wurden die Wiederholung und die Vorsätzlichkeit ihrer Handlung bewertet, was auf ihre Sympathie gegenüber dem Feind hinweisen würde. Das Motiv des Mitleids wurde hingegen anerkannt: Im Urteil heißt es, dass „der Beweggrund ihrer Handlungsweise in einem wenn auch unangebrachten menschlichen Mitgefühl lag".[130]

Bei vielen Frauen gründete sich das Mitgefühl, das sie Kriegsgefangenen und anderen Opfern des NS-Regimes entgegenbrachten, auf religiösen Überzeugungen, die mit dem Konzept von christlicher Nächstenliebe verbunden waren. So wurden beispielsweise auch die katholischen Ordensschwestern Margarethe Smolan und Camilla Estermann wegen Delikten, die im Konflikt mit der „Verordnung über den Umgang mit Kriegsgefangenen" standen, von der NS-Justiz verfolgt. Während Smolan zu vier Monaten Gefängnis verurteilt wurde, wurde das Engagement der Linzerin Camilla Estermann (geb. 1881) mit dem Tod bestraft. Ursprünglich Schwester im Redemptoristinnen-Kloster St. Anna in Ried im Innkreis, trat sie 1944 als Schwester Elisabeth der weltlichen „Ordensgemeinde vom hl. Franziskus" in Linz bei. Während der Dollfuß-Schuschnigg-Diktatur war sie Mitglied der Vaterländischen Front. In der NS-Zeit kam sie als gelernte Näherin in einer Bekleidungsfirma in Linz in Kontakt mit französischen Kriegsgefangenen, denen sie Lebensmittel, Hygieneprodukte, Medikamente und Bekleidung zusteckte. Dabei wurde sie beobachtet, denunziert und im November 1943 vor dem Sondergericht in Linz

Margarethe Smolan

Margarethe Smolan (geb. 1907) besuchte in Wien eine Offizierstöchterschule, bevor sie mit ihren Eltern in den frühen 1920er-Jahren nach Linz zog. Dort ging sie zuerst zur Bürgerschule, dann in die Haushaltungsschule der Ursulinen. Anschließend war sie als Kanzlistin tätig, wurde Schneiderin und begann bei den Barmherzigen Schwestern in Linz eine Ausbildung zur Krankenpflegerin. 1932 trat sie schließlich als Ordensschwester Kamilla dem Linzer Ursulinenorden bei.[131]

Im Dezember 1940 wurde Smolan dabei beobachtet, wie sie aus einem Fenster des Ursulinenklosters ein Paket warf, das ein französischer Kriegsgefangener auffing. In dem Paket befanden sich selbst gestrickte Socken. Smolan habe Mitleid mit den Kriegsgefangenen bekommen, die an einem „nasskalten" Wintertag vor ihrem Fenster arbeiten mussten: „Ein Kriegsgefangener machte mir hierbei den Eindruck, dass ihm sehr kalt war. Und in dieser Verfassung habe ich mich aus reinem menschlichen Mitleid entschlossen, das für mich bestimmte Paar Schafwollstrümpfe in ein Zeitungspapier einzuwickeln und zum Fenster hinaus diesen Kriegsgefangenen zuzuwerfen."[132]

Sie gab an, nicht gewusst zu haben, dass ihre Handlung verboten war, da sie dachte, nur das Sprechen mit Kriegsgefangenen sei ein Verstoß. Das Gericht verurteilte sie zu vier Monaten Gefängnis und begründete die Entscheidung wie folgt: „Durch die Beweggründe ihres Vorgehens, nämlich das Erbarmen mit dem Kriegsgefangenen wird ihre Tat, die an sich schon gegen die Ehre der deutschen Frau verstösst [sic!], nicht gerechtfertigt, sondern im Gegenteil deren Vorsätzlichkeit bestätigt."[133]

gemeinsam mit dem gläubigen Gendarmerieinspektor Franz Heger angeklagt.[134] Beiden wurde vorgeworfen, Schriften verbreitet zu haben, die „eindeutig einen gefährlichen heimtückischen, auf Zersetzung des Wehrwillens hinzielenden Angriff gegen den Führer und gegen die erfolgreiche Fortführung des Abwehrkampfes des deutschen

Volkes“ enthalten würden.[135] Nach dem Attentat auf Hitler am 20. Juni 1944 wurde das Verfahren, wie viele andere auch, erneut aufgerollt und Estermann am 25. September 1944 vom in Linz tagenden *Volksgerichtshof (VGH)* →75 zum Tode verurteilt. Obwohl Heger alle Vorwürfe der Anklage auf sich nahm, wurden Camilla Estermann und Franz Heger wegen der Hilfe für Kriegsgefangene am 21. November 1944 am Wiener Landesgericht hingerichtet.[136]

Christliche Nächstenliebe gab auch die Bäuerin Maria Langthaler als Motiv an, zwei aus Mauthausen entflohene Häftlinge zu verstecken und ihnen damit das Leben zu retten. Ihre Geschichte wurde weit über die Grenzen Oberösterreichs hinaus bekannt, als der Regisseur Andreas Gruber den Fluchtversuch von rund 500

ABB.17 Die Ordensschwester Camilla Estermann wurde für ihre Hilfeleistung für Kriegsgefangene 1944 hingerichtet, Datum unbekannt.

sowjetischen Häftlingen 1994 unter dem Titel „Hasenjagd – Vor lauter Feigheit gibt es kein Erbarmen" filmisch verarbeitete.[137] „Mühlviertler Hasenjagd" war die zynische Bezeichnung der SS für die angeordnete Mordaktion im Februar 1945. Etwa 150 der rund 500 sowjetischen Häftlingen war die Flucht aus dem sogenannten Todesblock des KZ Mauthausen gelungen, geschätzte elf von ihnen überlebten die anschließende „Menschenhatz", an der sich auch die umliegende Bevölkerung beteiligte. Maria Langthaler ging ein sehr hohes Risiko für sich selbst und für ihre Familie ein, doch die beiden Häftlinge blieben unentdeckt.

Auch das Verstecken „rassisch" Verfolgter unterlag schweren Strafen. Im Fall des Linzers Karl Pfatschbacher, der als „Halbjude" galt und von der Gestapo gesucht wurde, waren sich seine Freundin Gertrude Wampl (geb. ca. 1921) und ihre Eltern der Gefahren

nicht vollends bewusst: Sie gewährten ihm Unterschlupf in der eigenen Wohnung, als Pfatschbacher die Verhaftung drohte.[138] In einem Interview im Jahr 2003 erklärte seine spätere Frau: „Ich glaube, meine

ABB.18 Gertrude Wampl und ihr Ehemann Karl Pfatschbacher, 1950er-Jahre.

Eltern haben das gar nicht gewusst, was das nach sich ziehen könnte. Und ich auch nicht. Ich war zwar schon ein bisschen aufgeklärt über alles, aber das war so unvorstellbar für mich, dass man wen verhaften könnte, nur weil der Vater einmal zufällig ein Jud war."[139]

Wirtschaftliche Not und unerlaubte Geschäfte

Als Alltagswiderstand werden auch Handlungen eingestuft, die gegen die wirtschaftlichen bzw. kriegswirtschaftlichen Interessen des NS-Regimes verstießen. Tatsächlich mehrten sich mit fortdauerndem Krieg Anklagen gegen die „Verordnung zur Ergänzung der Kriegswirtschaftsverordnung" (1942).[140] Dies konnten beispielsweise Schwindel mit Lebensmittelkarten, jede Form von sogenanntem Schleichhandel, Horten von Lebensmitteln oder auch das unerlaubte Schlachten von Nutztieren sein. Diese Verstöße gegen NS-Vorschriften lassen sich nicht immer eindeutig als Widerstand einschätzen, da sie oft aus Eigennutz oder ökonomischen Interessen begangen wurden. Trotzdem konnten diese Übertretungen harte Strafen nach sich ziehen wie im Fall der Gastwirtin Pauline Uttenthaler aus Eferding, die aus Not ein zweites Schwein schlachten ließ und dafür zu acht Monaten Gefängnis verurteilt wurde. Die Strafen waren hoch angesetzt, selbst die Todesstrafe konnte in schweren Fällen verhängt werden.[141] Auch die Landwirtin Franziska Karl (geb. 1893) aus Straßham wurde wegen Schwarzschlachtens und zusätzlich wegen Preisvergehens verurteilt, offenbar hatte sie das Fleisch an „Hamsterer" aus Linz zu überteuerten Preisen weiterverkauft. Auch Butter und Eier gab sie unter der Hand weiter. In der Anklage heißt es, sie habe „bedeutende Lebensmittelmengen der allgemeinen Ernährung entzogen", ihr Handeln wurde als „gemeinschaftswidrig" beurteilt und somit als „schwerer Verstoß gegen die Kriegswirtschaft" eingeschätzt.[142] Karl wurde im Dezember 1944 zu zweieinhalb Jahren Zuchthaus und einer Geldstrafe von 1.000 RM verurteilt.[143] Sie wurde im Frauenzuchthaus Aichach inhaftiert.

Delikten dieser Art lag wie erwähnt nicht unbedingt eine Gegnerschaft zum Nationalsozialismus zugrunde. Sie stellten aber eine dezidierte Missachtung der nationalsozialistischen Gesetze dar und wurden vom Regime als systemschädigend eingestuft und entsprechend verfolgt.

Der *Volksgerichtshof* (VGH) war ein Instrument der NS-Justiz, um politische Gegner*innen abzuurteilen. Er wurde im April 1934 in Berlin errichtet. Am 20. Juni 1938 wurde die Zuständigkeit des VGH auf Österreich ausgeweitet, der zentrale Sitz blieb in Berlin. In den Zuständigkeitsbereich des VGH fielen Delikte des „Landes- und Hochverrats" sowie schwere Fälle der „Wehrkraftzersetzung". Der VGH sprach großteils Todesurteile aus, die Verfahren folgten keinen rechtsstaatlichen Grundsätzen.

Pauline Uttenthaler

Pauline Uttenthaler (geb. 1901 Brunnmayr) führte gemeinsam mit ihrem Mann Max eine Land- und Gastwirtschaft in Eferding. Kurz nach dem „Anschluss" wurde ihr Mann aufgrund von regimewidrigen Äußerungen angezeigt. Nach dem Krieg gab Pauline Uttenthaler gegenüber der Opferfürsorgestelle an, dass er von vier SS-Männern durch Eferding getrieben worden sei, um den Hals eine Tafel mit der Aufschrift: „Zehn Tschechen sind mir lieber wie ein Deutscher, hat dieses Schwein gesagt".[144]

Im Jänner 1942 wurde er in die Wehrmacht einberufen, und Pauline Uttenthaler musste den landwirtschaftlichen Betrieb sowie das Gasthaus alleine weiterführen. Als ihre Gastwirtschaft ein Jahr später behördlich gesperrt wurde, kam sie in existenzielle Not und ließ im September desselben Jahres ohne Genehmigung ein Schwein schlachten. Da sie bereits im Juni ein Schwein hatte schlachten lassen, aus dem sie Selchfleisch herstellte und dieses ihrem Mann sowie zwei anderen Verwandten an die Front geschickt hatte, wäre ihr erst im Dezember 1943 eine weitere Schlachtung zugestanden. Sie setzte sich über das Verbot hinweg, da sie mit dem Schlachtgut ihre drei Kindern und ihre Dienstboten verpflegen wollte. Der Fleischer hegte Verdacht, und Pauline Uttenthaler wurde wegen eines Verstoßes gegen die Kriegswirtschaftsverordnung angeklagt.[145]

Vor dem Sondergericht in Linz wurde sie am 4. November 1944 zu acht Monaten Gefängnis verurteilt, ihre Kinder im Alter von 10, 12 und 15 Jahren musste sie zurücklassen. Im März 1945 hatte Pauline Uttenthaler etwa die Hälfte ihrer Strafe verbüßt und suchte mithilfe des Bürgermeisters um einen Strafnachlass an. Sie begründete ihr Ansuchen damit, dass ihre Arbeitskraft dringend für die Frühjahrsarbeiten am Hof gebraucht wurde.[146] Am 21. März 1945 wurde Uttenthalers Strafrest bedingt ausgesetzt und sie konnte die Haftanstalt Wels verlassen. Kurz darauf erhielt sie die Nachricht, dass ihr Mann gefallen sei.

Im Jahr 1953 bemühte sich Pauline Uttenthaler um die Ausstellung eines Opferausweises und verwies darauf, dass die politische Gegnerschaft ihres Mannes im Grunde die Ursache für ihr Handeln gewesen wäre: „Wäre mein Mann schon seit Beginn der NS-Zeit nicht als ‚asozial' bezeichnet worden, wäre ich nie in Notlage geraten und wäre auch nicht zu dieser Maßnahme gezwungen gewesen."[147] Das Ansuchen wurde abgelehnt, da die gesetzliche Antragsfrist Ende 1952 abgelaufen war.

Mobilisieren, überzeugen, zurückschlagen:

Organisierter Widerstand

Im Unterschied zu Alltagswiderstand ist organisierter Widerstand meist durch politische Überzeugungen motiviert, oft spielen die Netzwerke politischer Organisationen und Parteien eine tragende Rolle. Dabei wird im Groben zwischen dem sozialistisch-kommunistischen (linken) und dem christlich-konservativen (rechten) Lager unterschieden. Doch nicht alle Mitglieder oder Unterstützer*innen organisierter Widerstandsgruppen hatten klar umrissene politische Ziele: Auch persönliche Gründe bzw. Verwandtschaftsverhältnisse veranlassten Frauen dazu, Widerstand gegen die NS-Diktatur zu leisten oder andere darin zu unterstützen. Gleichzeitig gab es Netzwerke, die sich nicht eindeutig politisch einordnen lassen. Gegen Ende des Kriegs, als sich die Anstrengungen darauf verlagerten, weiteres Blutvergießen zu vermeiden und die alliierten Streitkräfte bei der Befreiung zu unterstützen, kam es vereinzelt zur Zusammenarbeit von Widerstandsgruppen unterschiedlicher politischer Lager.[148]

Den Anteil von Frauen an organisiertem politischem Widerstand zu benennen ist schwierig, da für Berechnungen meist nur angezeigte oder verurteilte Fälle verwendet werden können. Unterlagen aus dem Dokumentationsarchiv des österreichischen Widerstandes (DÖW) in Wien lassen eine grobe Schätzung des Frauenanteils von 23 Prozent für Österreich zu.[149] Die bisherige Forschung zeigt, dass die Leitung organisierter politischer Widerstandsgruppen fast ausschließlich Männer übernahmen. Eine seltene Ausnahme war beispielsweise der Wiener „Kreis VII" des Kommunistischen Jugendverbands (KJV), in dem Frauen sowohl auf Kreis- als auch auf Bezirksebene Führungspositionen einnahmen.[150] Die Tätigkeiten von Frauen innerhalb organisierter Gruppen entsprachen den zur damaligen Zeit vorherrschenden Vorstellungen von typischen Frauenaufgaben. Diese wurden innerhalb von Widerstandsgruppen oft wenig beachtet oder sogar geringgeschätzt. So fanden die Widerstandstätigkeiten von Frauen in Darstellungen männlicher Widerstandskämpfer oftmals keine Erwähnung. Sogenannte Hilfstätigkeiten wie das Abtippen von Texten, Nähen, Spendensammeln, Kurierdienste, Verstecken männlicher Akteure u. Ä. wurden durch dieses Verschweigen als unwichtig abgewertet und gerieten in Vergessenheit. Selbst eine führende Rolle von Frauen war keine Garantie für eine spätere Anerkennung, wie das Beispiel von Barbara Eibensteiner zeigt. Diese hatte die Bezirks-

Unter dem sozialistisch-kommunistischen bzw. *linken Lager* werden politische Gruppierungen zusammengefasst, deren Ideologie sich auf sozialistische Grundsätze von Gleichheit bezieht und die für einen Wandel bestehender, auf Ungleichheit beruhender Sozialstrukturen eintreten. Im Österreich der Zwischenkriegszeit gehörten dazu in erster Linie die Sozialdemokratische Arbeiterpartei Österreichs (SDAP, gegründet 1888/89, 1934 verboten) und die Kommunistische Partei Österreichs (KPÖ, gegründet 1918, 1933 verboten).

gruppe Simmering des KJV in Wien aufgebaut, blieb aber in Interviews von Kollegen und in den historischen Zeugnissen unerwähnt.[151] Viele Frauen im organisierten Widerstand betrachteten ihre Aktivitäten als selbstverständlich und sprachen nach dem Krieg sehr zurückhaltend über ihre Erfahrungen. Im Gegensatz zu manchen Männern im organisierten Widerstand haben Frauen ihre Erlebnisse kaum niedergeschrieben oder veröffentlicht.

Sozialistisch-kommunistisches Lager

Organisierter Widerstand gegen den Nationalsozialismus wird oft mit dem politisch *„linken Lager"* →79 in Verbindung gebracht.[152] Die sozialdemokratische und die kommunistische Partei waren bereits während der Dollfuß-Schuschnigg-Diktatur verboten, setzten ihre Arbeit aber illegal fort. Somit gab es zum Zeitpunkt des „Anschlusses" durch das NS-Regime bereits eine Tradition des sozialistischen bzw. kommunistischen Widerstands. Vor allem illegale kommunistische Gruppierungen, die nach dem *Februaraufstand* ↓ 1934 vermehrten Zulauf von ehemaligen Sozialdemokrat*innen erhielten, bauten Widerstandnetzwerke auf. Auch in Oberösterreich waren Kommunist*innen in besonderem Maß am organisierten Widerstand gegen das NS-Regime beteiligt.

Auch politisch aktive Frauen waren überproportional oft dem linken Lager zuzuordnen. Dies lässt sich damit erklären, dass viele der Frauen, die für ihre Überzeugungen eintraten, bereits im Elternhaus sozialistisch politisiert worden waren. In Arbeiter*innenfamilien war die Erwerbstätigkeit von Frauen häufig eine ökonomische Notwendigkeit. Als Arbeiterinnen kamen sie in Kontakt mit Gewerkschaften und Parteien, die den politischen Kampf vorlebten. Eine wichtige Rolle spielten dabei Jugendorganisationen und Vereine wie die Sozialistische Arbeiterjugend, die Arbeitersportvereine und der österreichische Kommunistische Jugendverband.

„Rote Hilfe" in Gmunden, Wels und Steyr

Mit dem Fortschreiten des Kriegs wurden immer mehr Männer in die Wehrmacht eingezogen. Dadurch übernahmen Frauen in vielen Bereichen des Alltagslebens, aber auch in organisierten Widerstandsgruppen Positionen und Aufgaben von Männern. So auch innerhalb

Der *Februaraufstand* 1934 wird auch als „Österreichischer Bürgerkrieg" bezeichnet. Auslöser war eine Durchsuchung der sozialdemokratischen Parteizentrale „Hotel Schiff" in Linz durch die Linzer Polizei am 12. Februar 1934. Die nachfolgenden Kämpfe zwischen dem seit 1933 verbotenen *republikanischen Schutzbund* →88 des sozialistischen Lagers, dem Bundesheer und der *Heimwehr* →95 des *christlich-konservativen Lagers* →93 weiteten sich in Folge auf ganz Österreich aus. Am 15. Februar 1934 wurde der Aufstand niedergeschlagen, zahlreiche Mitglieder des Schutzbundes wurden verhaftet und verurteilt.

der „Roten Hilfe“, einem der KPÖ nahestehenden illegalen Unterstützungsnetzwerk für politisch Verfolgte und deren Familien. Die Organisation war in Österreich in den 1920er-Jahren in Anlehnung an die „Internationale Rote Hilfe“ gegründet worden. Maria Ehmer aus Gschwandt wurde nach der Einberufung ihres Mannes in die Wehrmacht für die Hilfsorganisation aktiv: „Im 43er, im 44er Jahr haben ja wir Frauen alles übernommen, was zuerst die Männer übergehabt haben. […] Hauptsächlich haben wir die Gelder für die Rote Hilfe gesammelt. Viele Männer sind eingesperrt gewesen oder im Krieg, und die Frauen haben nichts gehabt. So bin ich halt immer zu den Leuten sammeln gegangen, zum Bankdirektor, zu Geschäftsleuten in Gmunden, die keine Kommunisten waren, aber auch nicht bei den Nazis.“[153] Im Oktober 1944 fiel Maria Ehmer einer groß angelegten Verhaftungswelle zum Opfer. Der Gestapo war es gelungen, Spitzel in die „Rote

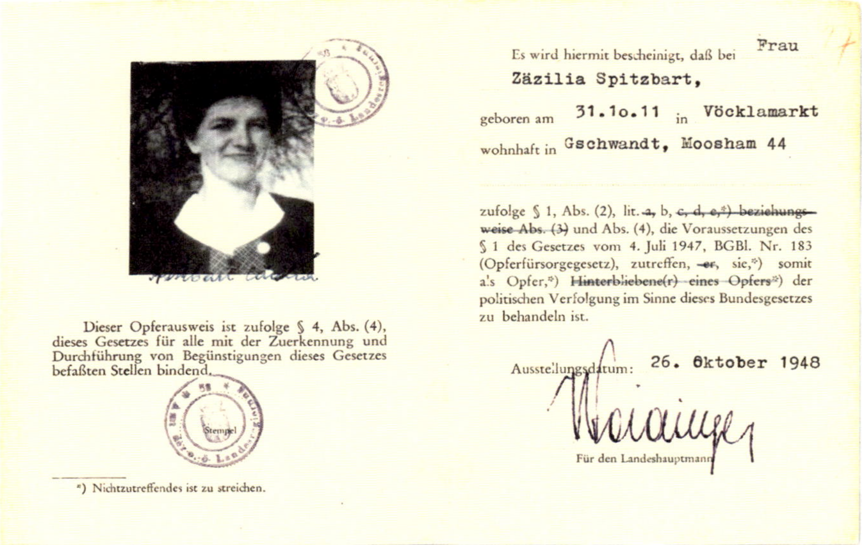

Dieser Opferausweis ist zufolge § 4, Abs. (4), dieses Gesetzes für alle mit der Zuerkennung und Durchführung von Begünstigungen dieses Gesetzes befaßten Stellen bindend.

Stempel

*) Nichtzutreffendes ist zu streichen.

Es wird hiermit bescheinigt, daß bei Frau

Zäzilia Spitzbart,

geboren am 31.10.11 in Vöcklamarkt

wohnhaft in Gschwandt, Moosham 44

zufolge § 1, Abs. (2), lit. a, b, c, d, e,*) beziehungsweise Abs. (3) und Abs. (4), die Voraussetzungen des § 1 des Gesetzes vom 4. Juli 1947, BGBl. Nr. 183 (Opferfürsorgegesetz), zutreffen, er, sie,*) somit als Opfer,*) Hinterbliebene(r) eines Opfers*) der politischen Verfolgung im Sinne dieses Bundesgesetzes zu behandeln ist.

Ausstellungsdatum: 26. Oktober 1948

Für den Landeshauptmann

Hilfe“ einzuschleusen und Widerstandszellen in den Regionen um Gmunden, Steyr, Linz und Wels aufzudecken. Unter den Verhafteten war auch Maria Ehmers Bekannte Cäcilia Spitzbart (geb. 1911), die die Spendengelder an Bedürftige verteilt hatte.

Auch in Wels unterstützten einige Frauen den kommunistischen Widerstand durch das Sammeln von Spenden, darunter Cäcilia Fischill (geb. 1905), die aus einer sozialdemokratisch eingestellten

ABB.19 Cäcilia Spitzbart aus Gschwandt wurde nach 1945 als Opfer des Nationalsozialismus anerkannt. Der Opferausweis brachte steuerliche Vergünstigungen und Vorteile bei Behördengängen und der Wohnungs- und Arbeitssuche.

Maria Ehmer

Maria Ehmer (geb. 1910) stammte aus einer Eisenbahnerfamilie und war bereits als Kind bei den sozialdemokratischen Kinderfreunden, später beim Turnverein und der Sozialistische Arbeiterjugend aktiv. Ihr Mann Josef war SP-Funktionär. Die Eheleute lebten in Gschwandt bei Gmunden und traten 1930 gemeinsam der KPÖ bei. Da Josef als Kommunist während der Dollfuß-Schuschnigg-Diktatur zweimal inhaftiert und meist arbeitslos war, musste Maria sich alleine um den Erhalt der Familie kümmern. Über das Netzwerk der „Roten Hilfe" wurde sie unterstützt und erfuhr in dieser Notlage „den Zusammenhalt der kommunistischen Genoss*innen als Rettung".[154] Nach der nationalsozialistischen Machtübernahme vervielfältigte und verteilte sie gemeinsam mit ihrem Mann Flugblätter und weigerte sich, der *NS-Frauenschaft* ↓ beizutreten oder für das *„Winterhilfswerk"* ↓ zu sammeln. Als Josef 1942 in die Wehrmacht einberufen wurde, setzte sie die widerständigen Tätigkeiten alleine fort und wurde 1943 für die „Rote Hilfe" aktiv.

Anfang Oktober 1944 wurde Maria Ehmer verhaftet und vom Gefangenenhaus in Gmunden weiter in das Frauengefängnis Kaplanhof in Linz gebracht. Ihren 15-jährigen Sohn Bruno musste sie auf sich allein gestellt in Gschwandt zurücklassen, sie war in ständiger Sorge um ihn. Wenige Tage nach ihrer Verhaftung wurde Maria Ehmer von Gestapobeamten im KZ Mauthausen verhört und dabei schwer misshandelt. Durch Klopfzeichen über die Zellenwände versuchte sie andere inhaftierte Frauen, wie ihre Freundin Cäcilia Spitzbart, vor den Verhörmethoden zu warnen und über den Wissensstand der Gestapo aufzuklären.

Das Frauengefängnis Kaplanhof wurde am 31. März 1945 bei einem Bombenangriff großteils zerstört. Maria Ehmer entging dabei nur knapp dem Tod: „Die Cilli soll mich aus einem Haufen Toter rausgezogen haben, ist mir später erzählt worden."[155] Ehmer erhielt von der Gestapo die Genehmigung zur medizinischen Versorgung im Linzer Allgemeinen Krankenhaus. Von dort wurde sie mit Schusswunden und schweren Verbrennungen in ein Ausweichspital außerhalb von Linz überstellt. Eine angemessene medizinische Behandlung erhielt sie allerdings erst nach dem Einmarsch der amerikanischen Truppen Anfang Mai. Ihr Sohn Bruno konnte sie nach wochenlanger Ungewissheit Mitte Mai 1945 im Krankenhaus ausfindig machen. Bis zu ihrer Entlassung dauerte es bis zum Spätsommer 1945. Mit Brunos Unterstützung schaffte sie die Rückkehr nach Hause: „Er hat mich in der Früh mit einer Scheibtruhen zum Bahnhof bracht, das war ein schönes Stückl Weg. So bin ich halt heimkommen. In Gschwandt hat mir die Bahnwächterin aus dem Zug geholfen, bin ich bei ihr eine Zeitlang am Diwan gelegen. Dann hat mich der Bruno packt und auf alle zwei Händ nach Haus tragen."[156]

Maria Ehmer engagierte sich nach dem Krieg im KZ-Verband und pflegte weiter engen Kontakt zu anderen Aktivistinnen im kommunistischen Widerstand. Erst im Alter begann sie ihre Geschichte in mehreren Interviews zu erzählen.[157]

Die *NS-Frauenschaft* war die zentrale nationalsozialistische Frauenorganisation. Durch Schulungen sollten Frauen im Geiste des Nationalsozialismus Kontrollfunktionen und Führungsaufgaben in der NS-Gesellschaft erhalten.

Das *Winterhilfswerk* war eine NS-Hilfsorganisation, die Arbeitslose und finanziell bedürftige Menschen unterstützen sollte. Mittels Haus- und Straßensammlungen sowie dem Verkauf von Abzeichen wurden gewaltige Spendensummen eingenommen. Gleichzeitig wurde damit die Bevölkerung mobilisiert, sich aktiv im Sinne des NS-Staates zu engagieren.

Familie stammte und der „Roten Hilfe“ bereits 1928 beigetreten war. Sie wurde im Alter von 39 Jahren verhaftet und wie viele andere Frauen im Frauengefängnis Kaplanhof in Linz inhaftiert. Auf Gesuch ihres Mannes, der bis zu ihrer Verhaftung nichts von ihrem Engagement gewusst hatte, wurde sie jedoch im Februar 1945 aus der Haft entlassen.[158]

Viele verfolgte Frauen überlebten die Haft hingegen nicht. Die aus Steyr stammende Herta Schweiger (geb. 1916) war Teil einer kommunistischen Widerstandsorganisation in den Steyr-Werken, wo sie als Rot-Kreuz-Schwester arbeitete. Auch sie war sozialdemokratisch sozialisiert, Mitglied der Sozialistische Arbeiterjugend

sowie der Naturfreunde, deren Obmann ihr Vater war. Durch ihre berufliche Tätigkeit hatte sie Zugang zu Medikamenten, die über die Widerstandsgruppe an KZ-Häftlinge weitergeleitet wurden.

ABB.20 Herta Schweiger aus Steyr bezahlte ihren Einsatz gegen das NS-Regime mit dem Leben, sie starb in der Haft in Linz im Sommer 1942, Datum unbekannt.

Zudem sammelte auch Herta Schweiger Gelder für die Angehörigen von Inhaftierten im Rahmen der „Roten Hilfe".[159] Aufgrund einer Denunziation wurde sie von der Gestapo verhaftet.[160] Ihre Festnahme löste eine familiäre Tragödie aus. Um seine Tochter zu entlasten, übernahm ihr Vater Hans Schweiger in einem Brief an die Gestapo die Verantwortung für das Engagement seiner Tochter in der „Roten Hilfe". Er rechnete daraufhin mit seiner Verhaftung und nahm sich Anfang Februar 1942 das Leben.[161] Doch wie aus Zeitzeugenberichten hervorgeht, war Herta Schweiger nicht wegen ihres Einsatzes für die „Rote Hilfe" verhaftet worden, sondern wegen „Feindbegünstigung". Möglicherweise waren regimekritische Briefe an ihren Verlobten abgefangen worden.[162] Monatelange Misshandlungen und die schlechten Haftbedingungen setzten Herta Schweiger gesundheitlich sehr zu, sie verstarb am 6. August 1942 in der Haft in Linz.[163] Bereits seit Juni 1945 trägt eine Straße in ihrem Heimatort Steyr ihren Namen, seit 2019 erinnert dort eine Gedenktafel an sie.[164]

Kommunistischer Widerstand um Josef Teufl in Linz
In Linz waren zahlreiche Frauen im Widerstandsnetzwerk um den Landesobmann der illegalen Kommunistischen Partei Oberösterreichs (1933–1945) aktiv. Josef Teufl war Arbeiter der Tabakfabrik und hatte eine illegale Druckerei eingerichtet, in der Flugblätter sowie eine Zeitung hergestellt wurden. In der Gruppe aktiv waren zum Beispiel die Schwestern Theresia Reindl (geb. 1911) und Margarethe Müller (geb. 1914), geborene Gröblinger, die aus einer Linzer Arbeiterfamilie stammten. Nachdem deren Vater 1914 im Ersten Weltkrieg gefallen war, musste sich seine Frau Rosalia alleine um die vier Töchter und zwei Söhne kümmern. Die Kinder wurden politisch erzogen und waren in der sozialdemokratischen bzw. nach 1934 der kommunistischen Parteijugend aktiv. Theresia Reindl arbeitete in einem Krankenhaus und war überzeugte Gegnerin des Nationalsozialismus. Sie übernahm Kurierdienste und tarnte diese Tätigkeit, indem sie Manuskripte beispielsweise in Lebensmittelpaketen versteckte. Um im Fall einer Verhaftung die Enttarnung des gesamten Netzwerks zu verhindern, wurde in Gruppen von höchstens fünf Personen gearbeitet. Die Mitglieder dieser Kleingruppen kannten nur die Namen der vier anderen Beteiligten. Dadurch erfuhr Reindl erst nach ihrer Verhaftung

im Herbst 1944, dass auch ihre Freundin Gisela Tschofenig in der Widerstandsgruppe um Teufl aktiv gewesen war. Gemeinsam mit Theresia Reindls Schwester, Margarethe Müller, hatte diese Kontakt

zu Zwangsarbeiter*innen in den Hermann-Göring-Werken (HGW) aufgenommen, um sie zu Sabotageakten zu motivieren. Müller wurde nach einer Denunziation im Februar 1944 vom Oberlandesgericht (OLG) Wien wegen „Wehrkraftzersetzung" sowie „Hochverräterischer Propaganda" zu vier Jahren Gefängnis verurteilt und war bis Kriegsende im Frauenzuchthaus Aichach in Bayern inhaftiert. Sie wurde beschuldigt, sich an ihrem Arbeitsplatz im Linzer Magistrat „staatsabträglich" geäußert und „für kommunistische Belange Stimmung gemacht" zu haben.[165] Ihre Verbindung zum Widerstand um Josef Teufl wurde in dem Urteil nicht erwähnt.

ABB.21 Gisela Tschofenig (r.) vor dem Linzer Bahnhof, wo sie nach der Machtübernahme des NS-Regimes als Kassierin arbeitete, 1938.

Gisela Tschofenig

Gisela Tschofenig (geb. 1917), geborene Taurer, stammte aus Villach, zog aber 1936 mit ihren Eltern nach Linz. Die Eltern waren überzeugte Sozialdemokrat*innen und auch Gisela war Mitglied bei der Sozialistischen Arbeiterjugend, später beim Kommunistischen Jugendverband (KJV). Gemeinsam mit ihrer Freundin Margarethe Müller ging sie 1937 als Kindermädchen nach Lyon. Die beiden Frauen versuchten weiter nach Spanien zu reisen, um dort im *Spanischen Bürgerkrieg* ↓ den Kampf gegen den Franco-Faschismus zu unterstützen. Dies gelang den Freundinnen jedoch nicht. Nach der Rückkehr nach Linz im April 1938 arbeitete Gisela Taurer als Kassierin bei der Reichsbahn, bis sie im Jahr 1939 nach Belgien zu ihrem Jugendfreund Josef Tschofenig zog, der als Aktivist des KJVs verfolgt wurde und nach Antwerpen emigriert war. Die beiden verband neben ihrer jahrelangen engen Freundschaft auch die gemeinsame kommunistische Tätigkeit in Villach in den 1930er-Jahren. Nach dem Einmarsch der deutschen Truppen in Belgien im Mai 1940 wurde Josef Tschofenig verhaftet und in das KZ Dachau deportiert. Gisela Taurer war zu diesem Zeitpunkt schwanger und kehrte nach Linz zurück, wo sie im Dezember 1940 den gemeinsamen Sohn zur Welt brachte.[166]

Von diesem Zeitpunkt an übernahm sie wichtige Aufgaben in der Widerstandsgruppe um Josef Teufl, wie das Abtippen von Programmen und Texten sowie die Erledigung von Kurierdiensten. Aufgrund ihrer Französischkenntnisse wurde sie außerdem damit beauftragt, Kontakt zu Zwangsarbeiter*innen in den Hermann-Göring-Werken (HGW) herzustellen. Diese Aufgabe führte sie gemeinsam mit ihrer Freundin Margarethe Müller aus.[167]

Im Juni 1944 erhielt Gisela Taurer die Genehmigung, Josef Tschofenig im KZ Dachau zu heiraten. Die Hochzeit eines KZ-Häftlings am Standesamt Dachau war eine absolute Ausnahme. Durch die Heirat erhoffte sich Gisela Tschofenig die Freilassung ihres Ehemanns zu erwirken, sie stellte mehrere entsprechende Anträge. Aus Sorge verhaftet zu werden verließ Tschofenig Linz und zog zu Bekannten nach Kärnten. Dort wurde sie jedoch im September 1944, ungefähr zur gleichen Zeit wie andere Kommunist*innen in Linz, festgenommen und in das Frauengefängnis Kaplanhof in Linz überstellt. Ihr Sohn kam bei ihrer in Linz lebenden Familie unter, die Sorgen um ihn drückte sie immer wieder in Postkarten und aus dem Gefängnis geschmuggelten Briefen aus.

Gisela Tschofenig blieb bei der Bombardierung des Frauengefängnisses Ende März 1945 unverletzt. Gemeinsam mit den anderen ca. 60 überlebenden Frauen wurde sie in das Arbeitserziehungslager Schörgenhub im Süden von Linz verlegt. Am 27. April 1945, nur wenige Tage vor der Befreiung des Lagers, wurde Tschofenig dort gemeinsam mit der Welserin Theresia Höllermann und einer unbekannten Wiener Jüdin hingerichtet. Die ermordeten Frauen wurden in einer Grube verscharrt, die zuvor von männlichen Gefangenen ausgehoben worden war. Die Leichname wurden nach dem Zusammenbruch des NS-Regimes von Verwandten exhumiert und bestattet. Seit 2006 ist eine Wohnstraße in Linz-Ebelsberg nach Gisela Tschofenig benannt.

Der *Spanische Bürgerkrieg* (Juli 1936 – April 1939) war ein bewaffneter Konflikt zwischen der demokratisch gewählten Regierung der Zweiten Spanischen Republik („Republikanern“) und den rechtsgerichteten Putschisten unter General Francisco Franco („Nationalisten“). Mit militärischer Unterstützung der faschistischen bzw. nationalsozialistischen Verbündeten aus Italien und Deutschland siegte das nationalistische Bündnis. Die darauffolgende franquistische Diktatur endete 1975 mit dem Tod Francos.

Die Widerstandsgruppe „Münichreiter" in Linz
Im September 1943 versuchte der desertierte Kommunist Ludwig Telfner Kontakt zur illegalen KPÖ in Linz aufzunehmen. Als dies dem gebürtigen Innsbrucker nicht gelang, baute er die Widerstandsgruppe

„Münichreiter" auf, benannt nach dem im Februar 1934 hingerichteten <u>*Mitglied des Republikanischen Schutzbunds* →88</u> Karl Münichreiter. Ziel war die Übernahme der Stadt Linz nach dem geplanten Sturz des NS-Regimes.

In der Gruppe um Telfner waren mehrere Frauen aktiv: Sie beherbergten Telfner, spendeten Geld oder fabrizierten Aufnäher mit kommunistischen Symbolen. So nähte auch die Schneiderin Cäcilia Zinner (geb. 1896) Armbinden und Blusen aus rotem Fahnenstoff, die als Erkennungszeichen nach dem erhofften Umsturz

ABB.22 Frieda Buchacher mit ihrem Sohn, 1942.

dienen sollten. Auch die Kanzleiangestellte Gertrude Grillmayr (geb. 1922), deren Mann ebenfalls Mitglied der Gruppe „Münichreiter" war, produzierte Textilien für die Widerstandsgruppe. Maria Hehenberger (geb. 1894) unterstützte die Widerstandsaktivität ihres Ehemanns, indem sie ihre Wohnung als Treffpunkt für das Hören von ausländischen Rundfunknachrichten und für politische Besprechungen zur Verfügung stellte.[168] Eine wichtige Rolle kam auch Friederike (Frieda) Buchacher zu, die Telfner in ihrer Wohnung beherbergte.

Im August 1944 wurde die Organisation um Telfner verraten, zahlreiche Mitglieder wurden verhaftet. Die Angaben zur Anzahl der Festgenommenen schwanken zwischen 18 und 48 Personen, darunter waren auch alle bereits genannten Mitglieder der Gruppe „Münichreiter".[169] Beim ersten Volksgerichtshofsprozess in Linz wurden vier Personen zum Tod verurteilt: Josef Grillmayr, Karl Hehenberger, Ludwig Telfner und, als einzige Frau, Cäcilia Zinner, die in der Anklageschrift als „fanatische Gegnerin des nationalsozialistischen Regimes" bezeichnet wird.[170] Bis auf Telfner wurden alle Verurteilten am 1. Mai 1945 auf dem Trefflinger Schießplatz bei Engerwitzdorf gemeinsam mit Mitgliedern der „Freistädter Gruppe" und einer weiteren Frau, Theresia Erhart, erschossen. Telfners Todesurteil wurde aus unbekannten Gründen nicht vollstreckt. Frieda Buchacher, Gertrude Grillmayr und Maria Hehenberger wurden zu Zuchthausstrafen verurteilt und im Mai 1945 befreit.[171]

Widerstand im Salzkammergut

Neben Linz, Steyr und Wels war das Salzkammergut eines der bedeutendsten Zentren des politisch motivierten und organisierten Widerstands. Besonders an den Industriestandorten Bad Ischl, Gmunden und in der Region um Bad Aussee, die während des Nationalsozialismus zum Gau Oberdonau gehörte, waren die Arbeiterbewegung und damit auch der sozialistisch-kommunistisch geprägte Widerstand stark verankert.[172]

Ab Herbst 1943 entwickelte sich um die Haftentflohenen Alois Straubinger, Karl Gitzoller und Sepp Plieseis die Widerstandsorganisation *„Willy-Fred"* →89. Eine zentrale Rolle spielte dabei die in Bad Ischl lebende Resi (Theresia) Pesendorfer. Sie hatte den 1942 aus der Haft entkommenen Karl Gitzoller versteckt und war entscheidend

Der *„Republikanische Schutzbund"* wurde 1923 als Schutzorganisation für sozialdemokratische Veranstaltungen gegründet und stand für die Wehrhaftigkeit der Arbeiterbewegung. Seit seinem Verbot 1933 agierte er im Untergrund.

Frieda Buchacher

Die verwitwete Reichsbahngehilfin und Mutter dreier Kinder Friederike (Frieda) Buchacher (geb. 1910) nahm Ludwig Telfner in ihre Linzer Wohnung auf, vervielfältigte Texte und stellte für desertierte Männer der Gruppe „Münichreiter" über ihre Dienststelle bei der Reichsbahn falsche Papiere aus.[173]

Als Buchacher im August 1944 verhaftet wurde, kamen ihre Kinder in NS-Erziehungsheime, obwohl sich Verwandte bereit erklärt hatten, sich um diese zu kümmern. Buchacher wurde eine Liebesbeziehung zu Telfner nachgesagt, was sie offenbar vor dem Todesurteil rettete, da ihr deshalb nicht zugetraut wurde, eigenständig politisch gehandelt zu haben.[174] Die nationalsozialistische „Oberdonauzeitung" berichtete im März 1945: „Die Witwe Friederike Buchacher, eine Frau mit drei Kindern, die Telfner unter einem falschen Namen bei sich aufgenommen, sich sogar mit ihm verlobt und ihn bei seinen Plänen wesentlich unterstützt hatte, entging der Todesstrafe und erhielt nur sechs Jahre Zuchthaus, weil das Gericht annahm, dass sie weniger aus politischer Überzeugung, als vielmehr in einem erotischen Zwangsverhältnis zu Telfner gehandelt hatte."[175]

Buchacher wurde vom Volksgerichtshof wegen „Landes[-] und Hochverrat[s] und Beherbergung eines Fahnenflüchtigen" zu sechs Jahren Zuchthaus verurteilt und nach Kriegsende von amerikanischen Truppen aus der Haftanstalt Wels befreit.[176]

Bei dem Namen „*Willy-Fred*" handelt es sich um eine Kombination von zwei während des Nationalsozialismus verwendeten Tarnnamen der Gruppe. Als der Name „Willy" im Zusammenhang mit dem illegalen kommunistischen Widerstand im Salzkammergut zu bekannt geworden war, entschieden sich die Mitglieder für eine Umbenennung in „Fred". Deshalb wird die Gruppe meist „Willy-Fred" genannt.

an der Befreiung von Sepp Plieseis, dem Kopf der Widerstandsgruppe, aus dem Außenlager Hallein des KZ Dachau im Jahr 1943 beteiligt. Sie plante dessen Fluchtweg von Hallein ins Salzkammergut und organisierte für Plieseis Verstecke in Bad Ischl. Pesendorfer war es auch, die im November 1943 ein Zusammentreffen zwischen Plieseis und Alois Straubinger organisierte, einem Kommunisten, dem im Juli 1942 die Flucht aus dem Kreisgericht Wels gelungen war. Das Treffen fand bei Cäcilia Langeder in Bad Goisern statt und gilt als „Beginn der einheitlichen und organisierten Widerstands- und Partisanenbewegung im oberen Salzkammergut".[177]

Ziel der Gruppe war die Wiederherstellung eines freien, unabhängigen Österreich. Zur Umsetzung dieses Plans versuchten die Mitglieder vorerst den Kreis der Beteiligten zu erweitern und möglichst viele Männer zur Desertion zu bewegen, um nach der erhofften Befreiung vom nationalsozialistischen Regime die „Überreste des Hitlerstaates" zu beseitigen und „am Wiederaufbau des neu erstandenen Österreich mitzuwirken [...]".[178] So handelte es sich neben Gitzoller, Straubinger und Plieseis bei einigen anderen Mitgliedern um desertierte Soldaten sowie um Männer, die aus KZs und Haftanstalten entflohen waren. Die Untergetauchten waren auf Unterstützung angewiesen. Vor allem Frauen übernahmen die Versorgung mit Lebensmitteln, Waffen und Munition, das Beschaffen von Quartieren, die Weitergabe von Informationen und das Herstellen von Kontakten.

Vermittelt durch Resi Pesendorfer, kam Sepp Plieseis nach seiner Flucht vorerst in Bad Ischl bei Maria Huemer und ihrer Tochter Maria Ganhör unter. Maria Huemer (geb. 1900) war vor dem Zweiten Weltkrieg Sozialdemokratin gewesen und trat im Jahr 1939 der illegalen kommunistischen Partei bei. Neben der Beherbergung von Plieseis übernahm sie Botendienste für die Gruppe „Willy-Fred" und stellte Verbindungen zu Geschäftsleuten her, zu denen sie durch ihre Arbeit in einer chemischen Putzerei unauffällig Kontakt aufnehmen konnte.[179] Die Erzieherin Maria Ganhör (geb. 1920) war zu dem Zeitpunkt, als sich Sepp Plieseis in ihrem Haus versteckte, bereits verwitwet und Mutter eines zweijährigen Sohnes. Auch sie war Mitglied der kommunistischen Partei, politisch aber kaum aktiv, bis sie Plieseis kennenlernte.[180] Nach dem Krieg heirateten Sepp Plieseis und Maria Ganhör.

Ab April 1944 versteckten sich Plieseis, Gitzoller, Straubinger und weitere Deserteure und Haftentflohene in einer notdürftigen Hütte, dem „Igel“, die sich in der Nähe der Ischler Hütte im Toten Gebirge zwischen Bad Ischl und Altaussee befand. Marianne Feldhammer und Maria Ganhör gehörten zu den Frauen, die Lebensmittel, Tabak,

Sanitätsmaterialien und andere benötigte Gegenstände in einem Depot bei der Rettenbachalm für die Männer verstauten. Letztere war dabei häufig mit dem Fahrrad unterwegs und nahm ihren Sohn mit, um ihre Botendienste als Ausflug zu tarnen.

Das Netzwerk der Widerstandsgruppe im Salzkammergut setzte sich aus Personen mit unterschiedlichen politischen Einstellungen zusammen, wobei die Mehrheit der Beteiligten dem sozialistischen bzw. kommunistischen Lager zuzuordnen war. Zum Netzwerk gehörten aber auch in- und ausländische Arbeiter*innen aus den Betrieben der Umgebung genauso wie Priester und enttäuschte Mitglieder der NSDAP.[181] Obwohl es zu einigen Verhaftungen im Umfeld der

ABB.23 Marianne Feldhammer organisierte die Lebensmittelversorgung der versteckten Männer im Salzkammergut. Sie war die einzige Frau, die mehrmals in den „Igel“, das Versteck im Gebirge, kam, ca. 1944.

Marianne Feldhammer

Die in Bad Aussee lebende Marianne Feldhammer (geb. 1909), geborene Kals, war in ihrer Jugend politisch nicht aktiv, fand aber über ihren Mann Karl Feldhammer Anschluss an das kommunistische Milieu und trat der Partei bei. Durch die wiederholte Arbeitslosigkeit ihres Mannes und dessen Verhaftungen während der Dollfuß-Schuschnigg-Diktatur gehörten finanzielle Sorgen zum Alltag der Familie und Marianne Feldhammer war genötigt, schwer zu arbeiten.

Marianne Feldhammer war eine zentrale Figur in der Organisation des Unterstützungsnetzwerks für die Widerstandsgruppe „Willy-Fred". Von Beginn an versorgte sie die versteckten Männer mit Lebensmitteln, die sie von Bad Ischl nach Bad Aussee transportierte. Als Tarnung gab sie vor, Kleidung in jene Putzerei bringen zu müssen, in der Maria Huemer arbeitete. Diese übergab ihr dabei heimlich Mehl, Grieß und andere Lebensmittel für die in den Bergen versteckten Männer. Feldhammer kam auch einige Male zum „Igel", um Botschaften zu überbringen. Der Weg war weit und anstrengend. Sie legte einen Teil der Strecke mit dem Fahrrad zurück, der restliche Weg war eine steile Kletterpartie. Marianne Feldhammer war die einzige Frau, die den „Igel" jemals betrat: „Das ist ein Hallo gewesen, wie ichs erste Mal kommen bin, hu, ein Weib, habens gesagt. Dann haben sie sich freilich gefreut, wenns mich wieder einmal gesehen haben. Weil das sind ja meine Schützlinge gewesen."[182]

Gemeinsam mit ihrer Freundin Magdalena (Leni) Egger (geb. 1910) transportierte sie einmal für die Widerstandsbewegung einen Revolver. Sie hatte die Waffe von ihrem bereits untergetauchten Ehemann erhalten und sollte sie innerhalb der Widerstandsgruppe weitergeben. Die beiden Frauen wurden von SS-Männern aufgehalten. Leni Egger erinnerte sich an die Situation: „Ich bin gangen wie auf einer Tuchent damals, so aufgeregt war ich. Sie [Marianne Feldhammer] nit, sie hat sich gar net aufgeregt."[183] Feldhammer reagierte rasch und versteckte den Revolver in einem Holzzaun, sodass die beiden Frauen nach kurzer Befragung ungehindert weitergehen konnten. Den Revolver holte sie an einem anderen Tag wieder ab.

Zwischen 1943 und 1945 war das Haus von Marianne Feldhammer eine wichtige Anlaufstelle und ein Treffpunkt für die untergetauchten Männer der Gruppe „Willy-Fred" rund um Sepp Plieseis, zu denen Karl Feldhammer engen Kontakt hatte. Im September 1944 wurde er verhaftet, konnte aber entkommen und hielt sich versteckt. Immer wieder kehrte er tageweise zu seiner Familie zurück. Dort spürte die Gestapo ihn schließlich auf. Beim Versuch zu fliehen wurde Karl Feldhammer tödlich verletzt. Zu diesem Zeitpunkt war Marianne Feldhammer mit ihrem zweiten Kind schwanger, ihre Tochter Anna war damals 14 Jahre alt.[184]

Widerstandsgruppe kam, blieben die manchmal auch als „Salzkammerutpartisanen" bezeichneten, untergetauchten Männer im „Igel" bis zum Kriegsende unentdeckt. Trotz des wichtigen Beitrags, den Frauen in der Widerstandsarbeit geleistet hatten, wurde deren Engagement von den männlichen Mitgliedern nicht als vollwertige politische Arbeit anerkannt oder als selbstverständlich hingenommen und fand dadurch in der Nachkriegszeit lange Zeit wenig Beachtung.

Christlich-konservatives Lager

Anders als die verbotenen kommunistischen und sozialdemokratischen Verbände waren Anhänger*innen des *christlich-konservativen Lagers* ↓ in den Jahren vor dem NS-Regime eng mit der Dollfuß-Schuschnigg-Diktatur verbunden und bekleideten in dieser Zeit teilweise wichtige politische Funktionen. Die ersten Verhaftungswellen des NS-Regimes richteten sich nach der Machtübernahme unter anderem gegen die politische Elite des aufgelösten „Ständestaats".[185] In der Folge formierte sich auch aus den Reihen christlich-konservativer Gruppierungen Widerstand, mit dem Ziel, wieder ein eigenständiges Österreich zu errichten.

Dem traditionellen Gesellschaftsbild des christlich-konservativen Lagers entsprechend, waren Frauen aus diesem Umfeld seltener politisch aktiv, wenngleich sie die Überzeugungen ihrer politisch aktiven Männer durchaus mitgetragen und diese unterstützt haben dürften. Dies trifft auch auf den organisierten Widerstand gegen den Nationalsozialismus zu. Unabhängig von organisierten Widerstandsgruppen leisteten christlich-konservativ sozialisierte Frauen aufgrund von gelebter christlicher Nächstenliebe oder Mitleid mit Verfolgten vielfach auch spontan Widerstand. Formen und Beispiele solcher individuellen Widerstandshandlungen von Frauen aus dem christlich-konservativen Milieu sind im Kapitel „Alltagswiderstand" erfasst.

Prominentestes Beispiel für den organisierten Widerstand vorwiegend konservativer Kreise ist das versuchte Attentat auf Adolf Hitler vom 20. Juli 1944 im Führerhauptquartier Wolfsschanze. Unter den beteiligten Angehörigen des Militärs, der Diplomatie und des ehemaligen Adels waren auch Österreicher, bzw. unterhielten auch Österreicher*innen Kontakte zu den Verschwörern.

Zum *christlich-konservativen Lager* zählten politische Parteien und Interessensgemeinschaften, die für eine hierarchische, auf christliche Werte gestützte Gesellschaftsordnung eintraten. Dazu zählten sowohl christlich-soziale, konservative wie auch monarchistische und legitimistische Überzeugungen. Politisch waren diese in der Zwischenkriegszeit in erster Linie durch die Christlichsoziale Partei Österreichs (CSP, gegründet in den frühen 1890er-Jahren, 1933/34 aufgelöst) vertreten. In der Dollfuß-Schuschnigg-Diktatur ging die CSP in der Einheitspartei Vaterländische Front (VF) auf. Diese verfolgte eine antidemokratische und autoritäre Politik, Gegner*innen wurden verfolgt.

„Widerstandsgruppe Helfenberg"

Der oberösterreichische Zweig der Familie Revertera-Salandra, deren Familiensitz Schloss Helfenberg im Mühlviertel liegt, stand in Verbindung mit der Gruppe um Claus Schenk Graf von Stauffenberg, dem Attentäter auf Hitler.[186] Der Schwager von Ida Revertera, Karl Ludwig zu Guttenberg, wurde im Anschluss an das missglückte Attentat vom 20. Juli 1944 als Mitwisser festgenommen und gegen Kriegsende in einem Berliner Gefängnis von der Gestapo ermordet. Die Familie Revertera begann ihre Widerstandsaktivitäten aber bereits nach der nationalsozialistischen Machtübernahme 1938. Während sich Peter Revertera-Salandra immer wieder in Haft befand, waren seine Frau Ida und die Kinder Josephine Alexandra und Nikolaus Hippolyth am Aufbau der „Widerstandsgruppe Helfenberg" beteiligt.

Peter Revertera bezeichnet die Gruppe in seinem 1946 verfassten Beitrag für das *„Rot-Weiß-Rot-Buch"* ↓ als „Österreichische Freiheitsbewegung", was auf ein enges Verhältnis zu den Widerstandsgruppen der „Großösterreichischen Freiheitsbewegung" bzw. der „Österreichischen Freiheitsbewegungen" um Karl Lederer und Roman Karl Scholz in Wien schließen lässt. Diese ebenfalls christlich-konservativen Gruppierungen strebten den Sturz des NS-Regimes und die Gründung einer Donauföderation an, der auch Bayern angehören sollte. Auch an diesen Gruppen waren zahlreiche Frauen beteiligt. Familien, die aus dem österreichischen Adel stammten, vertraten teilweise legitimistische Überzeugungen, das heißt, sie sahen die Monarchie als einzige legitime Staatsform für Österreich an und betrachteten Otto von Habsburg, den Sohn des letzten österreichischen Kaisers Karl, als rechtmäßiges Staatsoberhaupt. Legitimist*innen verweigerten in der NS-Zeit den Führereid und organisierten sich in mehreren Widerstandsgruppen. Zahlreiche Vertreter*innen wurden verhaftet und in KZs eingeliefert.

Die „Freistädter Gruppe"

Die sogenannte „Freistädter Gruppe" entstand im Frühsommer 1944 unter der Leitung von Ludwig Hermentin, dem Geschäftsführer der Landeskrankenkasse Freistadt. Dieser war bis 1934 Sozialdemokrat, trat aber dann der Vaterländischen Front bei. Die Gruppe bestand aus NS-Gegner*innen verschiedener politischer Überzeugungen, die

Das *„Rot-Weiß-Rot-Buch"* ist eine Publikation des österreichischen Außenministeriums aus dem Jahr 1946, die den Mythos von Österreich als erstem Opfer Hitlers untermauern sollte und die Mitschuld Österreichs ignoriert. Die Sammlung von Statistiken, Dokumenten und Zeugenaussagen zu österreichischem Widerstand hatte innenpolitisch das Ziel, den Patriotismus und die Akzeptanz der Bevölkerung gegenüber der neu gegründeten Zweiten Republik zu heben. Außenpolitisch erhoffte man sich eine verbesserte Position gegenüber den alliierten Besatzungsmächten.

Ida und Josephine Revertera

Ida Revertera (geb. 1894) kam als Prinzessin Ida zu Schwarzenberg in Wien zur Welt. 1917 heiratete sie den damaligen Graf Peter Revertera-Salandra und wurde Mutter von drei Buben und einem Mädchen. 1932 war ihr Mann kurzzeitig Landesführer-Stellvertreter der oberösterreichischen *Heimwehr* ↓, oberösterreichischer Landesrat und ab 1934 Sicherheitsdirektor für Oberösterreich. Damit geriet er nach der nationalsozialistischen Machtübernahme sofort ins Visier der NS-Behörden. Gemeinsam mit anderen führenden Persönlichkeiten der Dollfuß-Schuschnigg-Diktatur wurde er verhaftet und schließlich des Gaus verwiesen. In seinen Erinnerungen zur NS-Zeit, die er 1946 für das „Rot-Weiß-Rot-Buch" verfasste, gab er an, seit 1940 die ersten Versuche unternommen zu haben, einen organisierten Widerstand aufzubauen.[187] Sein Bericht erwähnt unter anderem, dass seine Frau Ida und seine Tochter Josephine mit der Instandsetzung von Waffen und Munition betraut waren. Dabei handelte es sich um Waffen der Heimwehr, die 1938 vergraben worden waren. Ziel der Gruppe war die Vorbereitung der Region um Helfenberg auf die Befreiung und die unblutige Beendigung der Kämpfe im Oberen Mühlviertel. Der bewaffnete Kampf war letztendlich nicht notwendig, die Waffen kamen nicht zum Einsatz und wurden den amerikanischen Truppen übergeben.

Die Tätigkeit von Ida Revertera und ihrer Tochter Josephine ging allerdings über das Instandsetzen der Waffen hinaus.[188] Ein abgelegenes Forsthaus der Familie in Böhmen diente zeitweise als Treffpunkt für Zusammenkünfte von Regierungsgegner*innen aus dem christlich-konservativen Lager. Als Hausherrin war Ida in diese Treffen unmittelbar eingebunden. Später war sie es, die Kontakte zu Vertrauensleuten in der Bevölkerung herstellte, um wie erwähnt die Kapitulation vorzubereiten. Ihr Mann war zu diesem Zeitpunkt aus dem Arbeitserziehungslager Schörgenhub zurückgekehrt und hielt sich versteckt, Ida Revertera hingegen konnte sich frei bewegen und blieb bei ihren Aktivitäten unbehelligt. In die Widerstandsaktivitäten waren großteils Personen verwickelt, die aufgrund ihres höheren Alters nicht mehr in die Wehrmacht eingezogen waren.

Die Tochter Josephine Revertera (geb. 1923) wurde in der NS-Zeit zum Reichsarbeitsdienst verpflichtet und für landwirtschaftliche Arbeiten in Bayern eingesetzt. Als sie dort kritische Aussagen zum NS-Regime tätigte, wurde sie einige Wochen inhaftiert. Vermutlich wurden ihr Vergehen wegen „Wehrkraftzersetzung" zur Last gelegt.

Nach dem 1. Weltkriegs bildeten sich in Österreich neben dem Bundesheer Wehrorganisationen, die vom Staat geduldet wurden. Die „*Heimwehr*" ging aus bürgerlichen „Selbstschutzverbänden" hervor und vertrat das christlich-konservative Lager. Sie richtete sich gegen die Errichtung kommunistischer Räterepubliken und die Sozialdemokratie, sympathisierte aber auch mit dem faschistischen Lager. 1936 ging die Heimwehr in der Vaterländischen Front auf.

Mehrheit der beteiligten Personen ist allerdings dem christlich-sozialen Lager zuzuordnen.[189]

Ziel war die Wiederherstellung eines freien, vom Deutschen Reich unabhängigen Österreich, weshalb sich die Mitglieder auch Gruppe „Neues freies Österreich" nannten.[190] Während die Männer organisatorische Vorbereitungen für den Einmarsch der alliierten Truppen trafen, Spendengelder sammelten und Kurierdienste verrichteten, beteiligten sich die Frauen vor allem mit gespendeten Geldbeträgen an den Widerstandsaktivitäten.[191] Mit den Spenden wurden Angehörige von KZ-Häftlingen und ehemalige Inhaftierte, die nach der Haftentlassung ohne Einkommen waren, unterstützt.

Im Oktober 1944 setzte in Freistadt die erste Verhaftungswelle ein. Dem Linzer Gestapobeamten Johann Haller gelang es, sich in die Gruppe einzuschleusen und den Kopf der Gruppe, Ludwig Hermentin, am 9. Oktober 1944 zu verhaften.[192] In den darauffolgenden Wochen nahm die Gestapo insgesamt 52 vermeintliche Mitglieder der „Freistädter Gruppe" fest.[193] Unter den Verhafteten waren auch 13 Frauen: Elisabeth Aigner, Maria Hermentin, Walpurga Katzensteiner, Klara Kittinger, Anna Königsecker, Liselotte Leithenmair, Berta Machat, Anna Pum, Herta Reicher, Rosa Rinner, Anna Salzbacher, Rosa Turek und Karoline Zemann. Während sieben der verhafteten Männer Ende Februar 1945 bei den „Freistädter Prozessen" vor dem Volksgerichtshof (VGH) in Linz zum Tod verurteilt und hingerichtet wurden, verhängte das Gericht über die Frauen mildere Strafen. In den Augen der Gestapo hatten diese in der Widerstandsgruppe eine untergeordnete Rolle als Handlangerinnen der männlichen Gruppenmitglieder eingenommen.[194]

Karoline Zemann (geb. 1895) und das Lehrmädchen Liselotte Leithenmair (geb. 1927) wurden am 27. Februar 1945 vor dem VGH in Linz wegen „Vorbereitung" bzw. „Beihilfe zum Hochverrat und Feindbegünstigung" zu vier Jahren Zuchthaus bzw. zu zwei Jahren Jugendgefängnis verurteilt. Zemann war mit dem Freistädter Bürgermeister, Anton Zemann, verheiratet, der vor 1938 der Vaterländischen Front angehört hatte. Sehr wahrscheinlich kann also auch sie dem christlich-sozialen Lager zugeordnet werden.[195] Ihr wurde vorgeworfen, an die Gruppe um Ludwig Hermentin Geld gespendet zu haben. Liselotte Leithenmair wurde beschuldigt, ihren Vater zum

Maria Hermentin

Maria Hermentin (geb. 1903) war die Frau von Ludwig Hermentin, dem Anführer der „Freistädter Gruppe".[196] Am 10. Oktober 1944, einen Tag nach der Verhaftung ihres Mannes, wurde auch sie von dem Gestapobeamten Johann Haller festgenommen und in einer Einzelzelle des Freistädter Bezirksgerichts untergebracht: „Ich fürchtete mich, allein in einer Zelle zu sein, und wollte in die Zelle der Männer, doch wurde mir von Haller ein Stoß versetzt, sodaß ich vor der Zelle zu Boden stürzte."[197]

Maria Hermentin wurde nie angeklagt. Sie sollte schon Anfang Februar 1945 aus der Haft entlassen werden, blieb aber laut eigenen Aussagen „aus Gehässigkeit der Gestapo" bis April 1945 inhaftiert.[198] Bei ihrer Entlassung erfuhr sie, dass ihr Mann zum Tode verurteilt worden war. Daraufhin versuchte sie so schnell wie möglich, eine „Sprecherlaubnis" für das Gefangenenhaus des Landgerichts Linz zu bekommen, wo ihr Mann inhaftiert war.

Erst am 30. April durfte sie ihren von den Folterungen der Gestapo schwer gezeichneten Mann besuchen. Er ahnte bereits, dass er bald hingerichtet werden würde. Sie hingegen berichtete in einem Interview, noch Hoffnung gehabt und ihren Mann ermutigt zu haben: „‚Ihr kommt heim. Das Urteil wird nicht vollzogen. Der Krieg ist aus.' Ein Faustschlag schloß mir den Mund. Grobe Fäuste langten nach meinem Mann. Die Tür klirrte zu."[199] Es war dies die letzte Begegnung Maria Hermentins mit ihrem Mann, der bereits am nächsten Tag, am 1. Mai 1945, am Trefflinger Schießplatz erschossen wurde. Alle drei Söhne der Hermentins kamen als Soldaten im Zweiten Weltkrieg ums Leben, nur die Tochter Theresia, die beim Roten Kreuz in Wien tätig war, überlebte den Krieg.[200] Auf einem Zeitungsartikel notierte Maria Hermentin: „4 Kinder von uns waren eingerückt, 1 kehrte heim."[201]

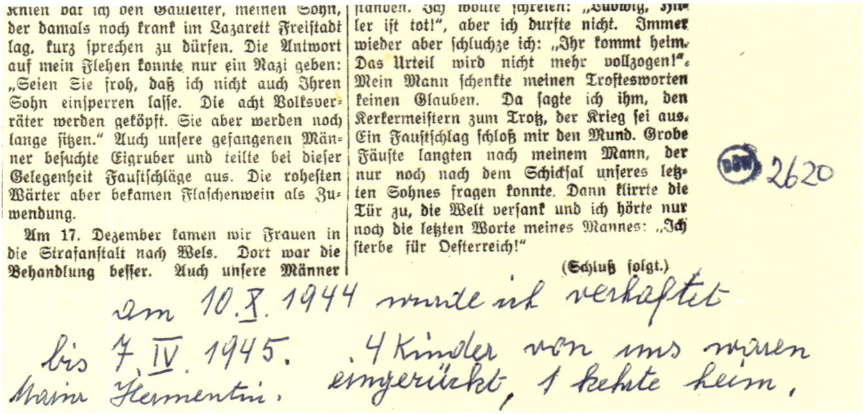

Knien bat ich den Gauleiter, meinen Sohn, der damals noch krank im Lazarett Freistadt lag, kurz sprechen zu dürfen. Die Antwort auf mein Flehen konnte nur ein Nazi geben: „Seien Sie froh, daß ich nicht auch Ihren Sohn einsperren lasse. Die acht Volksverräter werden geköpft. Sie aber werden noch lange sitzen." Auch unsere gefangenen Männer besuchte Eigruber und teilte bei dieser Gelegenheit Faustschläge aus. Die rohesten Wärter aber bekamen Flaschenwein als Zuwendung.

Am 17. Dezember kamen wir Frauen in die Strafanstalt nach Wels. Dort war die Behandlung besser. Auch unsere Männer standen. Ich wollte schreien: „Ludwig, Hitler ist tot!", aber ich durfte nicht. Immer wieder aber schluchze ich: „Ihr kommt heim. Das Urteil wird nicht mehr vollzogen!". Mein Mann schenkte meinen Trostesworten keinen Glauben. Da sagte ich ihm, den Kerkermeistern zum Trotz, der Krieg sei aus. Ein Faustschlag schloß mir den Mund. Grobe Fäuste langten nach meinem Mann, der nur noch nach dem Schicksal unseres letzten Sohnes fragen konnte. Dann klirrte die Tür zu, die Welt versank und ich hörte nur noch die letzten Worte meines Mannes: „Ich sterbe für Oesterreich!"

(Schluß folgt.)

DÖW 2620

Am 10.X.1944 wurde ich verhaftet bis 7.IV.1945. 4 Kinder von uns waren eingerückt, 1 kehrte heim. Maria Hermentin.

Spenden von Geldbeträgen an die Gruppe angestiftet zu haben.[202] Beide Frauen waren von Februar bis April 1945 im Linzer Landgericht inhaftiert. Am 17. April wurden sie in das Gefangenenhaus in Wels überstellt und dort am 4. Mai 1945 befreit.[203]

Auch Berta Machat (geb. 1892), Rosa Rinner (geb. 1920) und Elisabeth Aigner (geb. 1892) wurden wegen „Vorbereitung zum Hochverrat" angeklagt, allerdings nicht vom VGH in Linz, sondern vom Oberlandesgericht (OLG) in Wien – vermutlich, weil der Generalstaatsanwalt ihre Handlungen als weniger schwerwiegend einstufte.[204] Wie Zemann wurde auch ihnen vorgeworfen, die „Freistädter Gruppe" durch Spenden unterstützt zu haben bzw., im Fall der Gastwirtin Elisabeth Aigner, von der Widerstandsgruppe gewusst, sie aber nicht angezeigt zu haben.[205] Die Gerichtsverhandlung der vom OLG Wien angeklagten Freistädterinnen fand aufgrund der nahenden alliierten Truppen nicht mehr statt. Dennoch wurden sie bis Kriegsende in Untersuchungshaft festgehalten.[206] Die anderen acht verhafteten Frauen entgingen einer Anklage und wurden mit Ausnahme von Anna Salzbacher noch vor Kriegsende aus der Haft entlassen.[207]

Der Gestapobeamte Johann Haller, der nicht nur maßgeblich an den Verhaftungen, sondern auch an den Folterungen Ludwig Hermentins und zahlreicher anderer Verhafteter beteiligt war, wurde in der Nachkriegszeit angeklagt. Er leugnete die Misshandlungen, die von zahlreichen Zeug*innen beschrieben wurden, beharrlich. Das Gericht verurteilte Haller zu lebenslangem Kerker, im Jahr 1955 wurde er von Bundespräsident Theodor Körner (SPÖ) begnadigt.[208]

ABB. 24 Zeitungsausschnitt aus dem „Mühlviertler Boten" über die Frauen der „Freistädter Gruppe" mit Notizen von Maria Hermentin zu ihrer Haftzeit und dem Verlust von drei Söhnen, 11. April 1946.

Einstehen, entziehen:

Religiöser Widerstand

Religiöse Überzeugungen waren ein relativ häufiger Hintergrund für Alltagswiderstand. Konkret waren es oft Grundsätze der christlichen Nächstenliebe, die viele Frauen dazu veranlassten, Verfolgten zu helfen und sich damit gegen die menschenverachtende Ideologie des Nationalsozialismus aufzulehnen. Als religiösen Widerstand hingegen beschreiben wir Handlungen, mit denen in erster Linie die eigene Religionsausübung verteidigt wurde. Dies bedeutete nicht zwangsläufig, dass gegen andere Einschränkungen und Verbrechen des nationalsozialistischen Staats protestiert wurde. Die Grenzen sind fließend, denn auch das Recht, anderen im Sinne christlicher Nächstenliebe zu helfen, kann als Teil einer gelebten Religiosität verstanden werden. Gemeint ist hier aber in erster Linie Widerstand gegen die Einschränkung kirchlicher bzw. religiöser Praktiken.

Christinnen

Die größten Religionsgemeinschaften in Oberösterreich – und Österreich insgesamt – stellten die römisch-katholische und die evangelische Kirche dar. Diese wurden genauso wie die altkatholische und methodistische Kirche im Nationalsozialismus geduldet. Kirchlich organisierte Aktivitäten standen aber als potenziell regimekritisch unter Beobachtung. So berichtete etwa der Gendarmerieposten Grünburg an der Steyr in seinem Lagebericht vom 21. März 1939 über „bis zu 15 Frauenpersonen", die im Pfarrhof Steinbach regelmäßig Bibelvorlesungen des Pfarrers beiwohnen würden. Er urteilt: „Wenngleich in diesen Zusammenkünften gerade keine staatsfeindliche Betätigung der als Betschwestern bekannten Teilnehmerinnen und des Pfarrers erblickt werden kann, ist diese Einführung doch geeignet, zu Bedenken Anlaß zu geben."[209]

Möglicherweise stieß sich der zuständige Beamte daran, dass die Treffen nicht offiziell stattfanden und sich somit einer Beobachtung entzogen, zudem schien der Pfarrer nicht vertrauenswürdig. Er habe, so fügte der Gendarm in seinem Bericht hinzu, früher als „Nazifresser" gegolten.

Tatsächlich wurden außerkirchliche religiöse Zusammenkünfte laut Erlass des Landrats in Linz mit 2. Mai 1939 genehmigungs- und meldepflichtig.[210] Aber auch offizielle kirchliche

Veranstaltungen unterlagen Beschränkungen und Schikanen. Beispielsweise wurden kirchliche Feiertage wie Christi Himmelfahrt und Fronleichnam auf Sonntage verlegt, und bei Prozessionen die üblichen Routen geändert. Die Beteiligung von Musikkapellen an kirchlichen Feiern war unerwünscht. Christinnen, die ihren Glauben aktiv lebten, protestierten oft energisch gegen Einschränkungen des dörflichen Kirchenlebens und gerieten deshalb bei dieser Form von Widerständigkeit vermehrt ins Visier der Behörden.[211]

Widerstand regte sich auch gegen nationalsozialistische Bestrebungen, den Einfluss der katholischen Kirchen an Schulen einzudämmen. Konfessionell geführte Schulen und Fürsorgeeinrichtungen wurden ab September 1938 geschlossen,[212] und 1939 wurde Religionsunterricht zu einem „unverbindlichen Gegenstand" abgewertet, für den eine Anmeldepflicht galt.[213] Zahlreiche katholische wie evangelische Priester, die als Religionslehrer arbeiteten und regimekritisch eingestellt waren, wurden vom Dienst entfernt. In Diersbach veranlasste das Berufsverbot eines Pfarrers eine Gruppe von Frauen dazu, im März 1942 vor dem Gemeindeamt zu demonstrieren. Der Bürgermeister meldete den Vorfall an die NSDAP-Kreisleitung in Schärding.[214] Eine ähnliche Aktion von etwa 25 bis 30 Frauen in Schardenberg wurde von der Sicherheitspolizei als „Verhetzung" eingestuft. Dort wehrten sich Mütter gegen kirchenfeindliche Aussagen eines offenbar regimetreuen Lehrers, der angeblich im Unterricht geäußert habe, dass man Kinder wie Eltern, die zur Kirche gehen, „an die Wand stellen" solle.[215] Aus Protest drangen die als „Rädelsführerinnen" bezeichneten Rosa Altweger, Maria Gruber, Anna Friedrich und eine Frau Fuchs gemeinsam mit weiteren Frauen in das Klassenzimmer ein und störten die Schulstunde.[216] In ihrem Bericht über den Vorfall vermutete die Sicherheitspolizei eine Verbindung zwischen den als „oppositionelle Betschwestern" bezeichneten Schardenberger Frauen mit einem Pfarrer, der kurz vor dieser Aktion wegen „staatsabträglicher Äußerungen" mit einem Berufsverbot belegt worden war.[217]

Mit Berufseinschränkungen aufgrund ihrer religiösen Einstellung hatten auch Frauen zu kämpfen. Die gläubige Lehrerin Margarete Rametsteiner aus Baumgartenberg wurde im Mai 1941 wegen ihres „Verkehrs mit staatspolitisch unsicheren Personen" verwarnt und auf Erlass des Gauleiters August Eigruber einer Volksschule in Naarn zugewiesen. Ihr wurde die Teilnahme am Kirchenchor genauso untersagt wie die Abhaltung von Religionsstunden in der Schule. Ausdrücklich wurde ihr darüber hinaus verboten, Kinder dazu aufzufordern, den Religionsunterricht zu besuchen.[218] Neben den Schulen standen auch Kindergärten unter nationalsozialistischer Kontrolle. Nur Regimetreue sollten in Bildungseinrichtungen mit Kindern arbeiten, weshalb regimekritische oder religiöse Pädagog*innen versetzt oder vom Dienst entlassen werden konnten.

Die Eltern der betroffenen Kinder waren nicht immer einverstanden mit den Eingriffen in den Schul- bzw. Kindergartenalltag und zeigten ihren Protest mitunter indirekt, indem sie ihre Kinder von den Einrichtungen fernhielten. Seit der Entlassung der katholischen Leiterin des Kindergartens in Grünburg und der Einsetzung einer nationalsozialistischen Kindergärtnerin sank die Zahl der Kindergartenkinder von 25 auf zehn. Der Lagebericht des Gendarmeriepostens Grünburg wertete dies im November 1939 als „Opposition in der Beschickung des Kindergartens".[219] Auch wenn Erziehungsberechtigte für die bloße Herausnahme eines Kindes aus dem Kindergarten nicht belangt wurden, zeigt die Berichterstattung der politischen Organe, dass diese Entscheidungen, die traditionell im Einflussbereich von Frauen lagen, eine empfindliche Störung der nationalsozialistischen Ziele bedeuteten.

Zeuginnen Jehovas

Im Gegensatz zu den christlichen Kirchen wurde die bis 2009 als Sekte geltende Religionsgemeinschaft der Zeugen Jehovas im Nationalsozialismus systematisch als „staatsfeindlich" verfolgt. Die österreichischen Mitglieder der ursprünglich als Internationale Bibelforschervereinigung bezeichneten Gemeinschaft waren insofern auf diese Situation vorbereitet, als sie von Glaubensbrüdern und -schwestern aus Deutschland über die dortige Verfolgung durch das NS-Regime informiert waren. Außerdem waren die Glaubensgemeinschaft und deren religiöse Aktivitäten, zu denen neben dem Bibelstudium auch die Missionierung gehörte, bereits in der Dollfuß-Schuschnigg-Diktatur verboten worden. Mit der Machtergreifung durch das NS-Regime verschärfte sich jedoch die Verfolgung, und die Mitglieder der Zeugen

Jehovas in Österreich intensivierten ihre illegalen Tätigkeiten, um ihren Glauben bzw. ihre Schriften weiterhin verbreiten zu können.[220]

Die Glaubensvorstellungen und -praktiken der Zeugen Jehovas standen im starken Widerspruch zur NS-Ideologie: Sie lehnten das „Führerprinzip" ab, verweigerten den Hitlergruß, wahrten Neutralität in politischen Fragen und verweigerten den Wehrdienst sowie alle anderen Tätigkeiten, die direkt oder indirekt dem Krieg dienten. Dadurch kamen sie zwangsläufig mit den Gesetzen zur „Wehrkraftzersetzung" und der „Heimtücke" in Konflikt. Obwohl die Zeugen Jehovas in Österreich eine relativ kleine Gruppe darstellten – zwischen 1938 und 1945 werden etwa 550 aktive Zeug*innen Jehovas und inklusive Familienmitgliedern 800 bis 1.000 Glaubensangehörige geschätzt[221] – stellten sie die Mehrzahl der Wehrdienstverweigerer. Für eine Anklage genügte jedoch bereits die bloße Mitgliedschaft bei der Internationalen Bibelforschervereinigung. 642 Glaubensangehörige, davon 260 Frauen, wurden in Österreich während der NS-Zeit inhaftiert und verfolgt. Viele wurden deportiert, beispielsweise in das KZ Mauthausen, und ermordet. 154 Zeug*innen Jehovas, darunter 30 Frauen, überlebten die Verfolgung nicht.[222] Bei der illegalen Organisation der Zeugen Jehovas in Oberösterreich spielten einige Glaubensschwestern eine wichtige Rolle. Anni (Anna) Stadtegger aus Wels und ihr Mann Egmund beherbergten eine Weile den aus Berlin kommenden Ernst Bojanowski, der ab 1939 Schriften in ganz Österreich verteilte.[223] Er machte Anni Stadtegger mit einer von ihm erfundenen Geheimschrift vertraut, um unentdeckt kommunizieren zu können. In den ausgetauschten Nachrichten ging es beispielsweise um die Verbreitung der verbotenen Zeitschrift „Der Wachturm".[224] Anni Stadtegger wurde verhaftet und am 17. Juli 1939 in das KZ Ravensbrück eingeliefert. Sie starb dort im Jahr 1942.[225]

Am 4. April 1939, am Tag der jährlichen „Abendmahlsfeier" der Zeugen Jehovas, kam es in ganz Oberösterreich zu einer Reihe von Verhaftungen. Ein Gestapomann hatte sich das Vertrauen mehrerer Zeug*innen Jehovas erschlichen und die Versammlungen wurden von der Gestapo gestürmt. In den Jahren 1940 und 1941 kam es daraufhin am Oberlandesgericht in Linz zu einem Prozess gegen 17 Personen. Ihnen wurde zur Last gelegt, sich als Zeugen Jehovas zu bekennen, ihrer Lehre „nachzuleben" und untereinander in Verbindung zu stehen. Die Anklage lautete auf „Wehrkraftzersetzung". Sechs der Angeklagten waren Frauen: Maria Berger und Anna Zötl aus Wels, Rosa Pfaffenbichler aus Linz, Anna Kamisch aus Gratzen, Franziska Roidmaier aus Lengau und Marie Blindeneder aus Frauschereck.

Da sie angaben, aus Glaubensgründen nicht in Rüstungsbetrieben arbeiten zu können, wurde ihnen eine „wehrfeindliche Einstellung" zur Last gelegt, sie wurden zu je sechs Monaten Gefängnis verurteilt.[226] Unter den verurteilten Männern, die zu wesentlich längeren Haftstrafen zwischen einem und drei Jahren verurteilt wurden, war auch Edmund Stadtegger, der Ehemann von Anni Stadtegger.

Die Innviertlerin Franziska Roidmaier (geb. 1898) war gemeinsam mit ihrem Mann unter den Angeklagten. Das Ehepaar musste ihre sechs Kinder zurücklassen, die vorübergehend in das Armenhaus Friedburg kamen, bevor sie von einer Pflegefamilie aufgenommen wurden. Franziska Roidmaiers Haft wurde nach einem halben Jahr

ABB.25 Franziska Roidmair aus Lengau, Datum unbekannt.

ohne Angaben von Gründen verlängert, sie wurde schließlich in das KZ Ravensbrück und anschließend nach Auschwitz verbracht. In Briefen appellierten Verwandte an ihre Verantwortung als Mutter und forderten sie auf, die Bedingungen des NS-Regimes zu akzeptieren und ihrem Glauben abzuschwören, um wieder zu ihren Kindern zurückkehren zu können. Franziska, aber auch ihr Mann Karl Roidmaier, weigerten sich bis zuletzt und kamen beide in der Haft ums Leben.[227]

Zahlreiche weitere Zeuginnen Jehovas aus Oberösterreich wurden im Laufe der NS-Herrschaft im Frauenkonzentrationslager Ravensbrück interniert, darunter Maria Dürnberger, Zäzilia Hauser, Cäcilia Mollnhuber und Maria Mittenhuber aus Molln, Maria Moser aus Braunau, Theresia Mattischek aus Gaspoldshofen und Rosalia

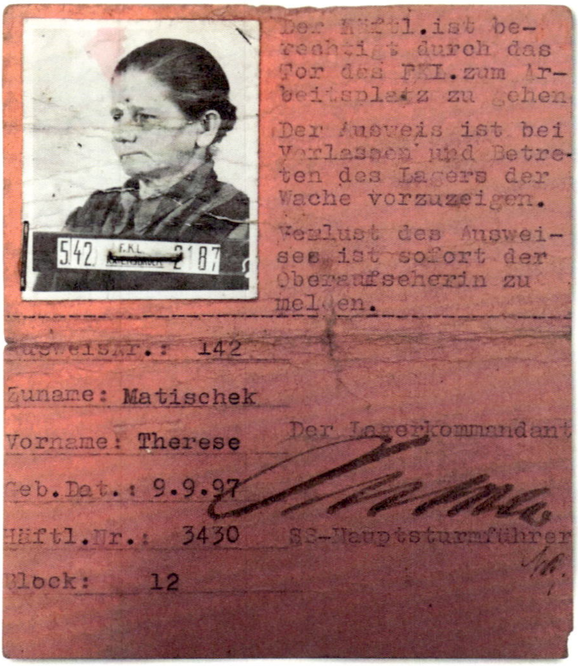

Der Häftl. ist berechtigt durch das Tor des FKL. zum Arbeitsplatz zu gehen.

Der Ausweis ist bei Verlassen und Betreten des Lagers der Wache vorzuzeigen.

Verlust des Ausweises ist sofort der Oberaufseherin zu melden.

Ausweis-Nr.: 142
Zuname: Matischek
Vorname: Therese
Geb.Dat.: 9.9.97
Häftl.Nr.: 3430
Block: 12

Der Lagerkommandant
SS-Hauptsturmführer

Hahn aus Bad Ischl. Die aus Braunau stammende Maria Moser berichtete später, dass die rund 450 Zeuginnen Jehovas von der Lagerleitung in Ravensbrück besonders schikaniert wurden. Man wollte sie zum Beispiel im Dezember 1939 zwingen, kriegswichtige Arbeiten zu übernehmen und bestrafte sie hart, als sie dies geschlossen verweigerten.[228] Am 21. Juli 1942 wurden rund 50 Zeuginnen Jehovas

ABB.26 Häftlingsausweis von Theresia Mattischek des Frauenkonzentrationslagers Ravensbrück, Mai 1942.

Theresia Mattischek

Theresia Mattischek (geb. 1887), geborene Schermair, stammte aus einer einfachen Familie in Gaspoltshofen im Bezirk Grieskirchen. Sie heiratete den Maurer Wolfgang Mattischek und wanderte mit ihm ins deutsche Ruhrgebiet aus. Dort kamen vier Söhne zur Welt, 1928 kehrte die Familie nach Österreich zurück und lebte von da an in Ottnang.[229]

Die Familie war im Ruhrgebiet in Kontakt mit der Glaubenslehre der Bibelforscher gekommen. Theresia Mattischek, ihr Mann und drei ihrer vier Söhne – Wilhelm, Hubert und Franz – blieben auch nach ihrer Rückkehr überzeugte Zeugen Jehovas. Bereits während des Dollfuß-Schuschnigg-Regimes erlebte die Familie Schikanen und Verfolgung. Ende 1938 wurde der älteste Sohn Franz zur Wehrmacht eingezogen. Als praktizierender Zeuge Jehovas verweigerte er wiederholt den Eid auf Adolf Hitler und wurde daraufhin von einem Militärgericht zum Tode verurteilt. Das Urteil wurde am 2. Dezember 1939 in Berlin-Plötzensee vollstreckt.[230] Im März 1939 wurden auch die beiden anderen Söhne Hubert und Wilhelm verhaftet und zunächst in das KZ Dachau, später in das KZ Mauthausen-Gusen gebracht, wo sie bis zur Befreiung im Mai 1945 inhaftiert blieben. Auch der Familienvater Wolfgang Mattischek wurde im Frühjahr 1939 festgenommen und überlebte sechs Jahre KZ-Haft in Buchenwald.[231] Die Verhaftung von Theresia Mattischek folgte im März 1940. Nachdem sie zuerst in der Polizeidirektion Linz festgehalten worden war, wurde sie am 11. April 1940 in das KZ Ravensbrück überführt, wo sie bis zu ihrer Befreiung Ende April 1945 inhaftiert war.[232]

Aus Nachkriegsakten der Opferfürsorgestelle geht hervor, dass neben Theresia Mattischek auch ihr Mann und ihre zwei überlebenden Söhne eine Haftentschädigung erhielten. Die beiden Eheleute erhielten außerdem eine Opferrente. 1958 stellte Theresia Mattischek einen weiteren Antrag auf öffentliche Fürsorge. 1959, ein Jahr später, verstarb sie.

in das KZ Auschwitz überstellt, darunter auch Franziska Roidmaier, Maria Moser, Zäzilia Hauser und Cäcilia Mollnhuber. Von ihnen überlebte nur Maria Moser. Das Todesdatum der anderen Frauen ist mit 16. November 1942 angegeben, die genauen Umstände ihres Todes sind

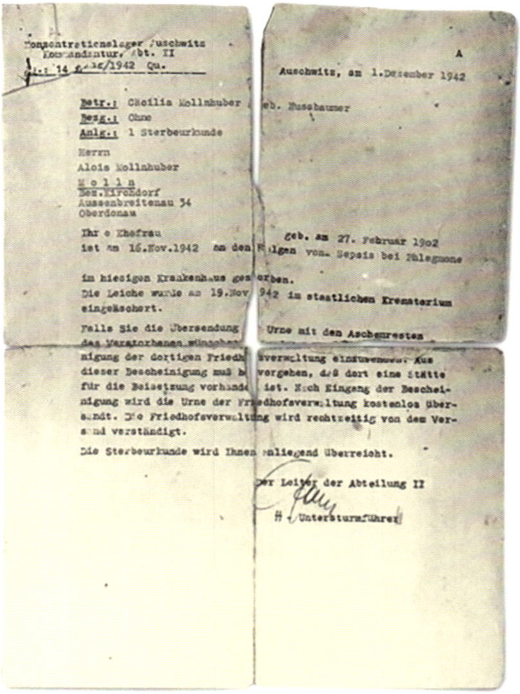

Konzentrationslager Auschwitz
Kommandantur, Abt. II
..: 14 ../1942 Qu.

A

Auschwitz, am 1.Dezember 1942

Betr.: Cäcilia Mollnhuber geb. Nussbaumer
Bezg.: Ohne
Anlg.: 1 Sterbeurkunde

Herrn
Alois Mollnhuber
M o l l n
Bez. Kirchdorf
Aussenbreitenau 34
Oberdonau

Ihre Ehefrau geb. am 27. Februar 1902
ist am 16.Nov.1942 an den Folgen von Sepsis bei Phlegmone
im hiesigen Krankenhaus gestorben.
Die Leiche wurde am 19.Nov.1942 im staatlichen Krematorium eingeäschert.

Falls Sie die Übersendung Urne mit den Aschenresten des Verstorbenen wünschen, ... nigung der dortigen Friedhofsverwaltung einzusenden. Aus dieser Bescheinigung muß hervorgehen, daß dort eine Stätte für die Beisetzung vorhanden ist. Nach Eingang der Bescheinigung wird die Urne der Friedhofsverwaltung kostenlos übersandt. Die Friedhofsverwaltung wird rechtzeitig von dem Versand verständigt.

Die Sterbeurkunde wird Ihnen anliegend überreicht.

Der Leiter der Abteilung II
ᛋᛋ-Untersturmführer

ungeklärt. Alois Mollnhuber, dem Ehemann von Cäcilia Mollnhuber, wurde als Todesursache „Sepsis“, also eine Blutvergiftung genannt.[233] Es ist jedoch davon auszugehen, dass es sich dabei um eine fingierte Todesursache handelte, wie sie in NS-Anstalten häufig angegeben wurden, um Verbrechen zu vertuschen. Maria Mittenhuber starb im April 1945 auf einem „Todesmarsch“ des KZ Ravensbrück. Maria Dürnberger und Theresia Mattischek überlebten fünfeinhalb Jahre KZ-Haft.

Die Widerstandstätigkeit der Zeugen Jehovas hatte in ihrer Organisiertheit durchaus Ähnlichkeit mit organisiertem politischen Widerstand, richtete sich aber nur indirekt gegen das politische Regime. Im Vordergrund stand die Ausübung der religiösen Praxis, von der die Missionierungs- und Versammlungstätigkeit wichtiger Bestandteil war.

ABB.27 Schreiben aus dem Konzentrationslager Auschwitz zum Tod von Cäcilia Mollnhuber an ihren Ehemann Alois Mollnhuber, 1. Dezember 1942.

Überleben, widersetzen:

Widerstand von Verfolgten

Menschen, die aus ‚rassischen' oder anderen Gründen vom NS-Regime *systematisch verfolgt* ↓ wurden, hatten wenig Möglichkeiten, sich der nationalsozialistischen Verfolgungs- und Vernichtungspolitik zu entziehen. Trotzdem widersetzten sich Verfolgte den NS-Anordnungen. Zu dieser spezifischen Form von Widerstand zählten beispielsweise das Überschreiten von Ausgehzeiten oder der Besuch von Kino- und Theatervorführungen trotz des Verbots für Jüdinnen und Juden. Auch Flucht und Untertauchen, also Handlungen, die das bloße Überleben von Verfolgten ermöglichten, können als Widerstand gewertet werden.[234] In seiner extremsten Auslegung ist sogar Selbstmord, also das Entziehen vor Verfolgung und Ermordung durch Selbsttötung, ein Akt des Widerstands.[235] Vor allem nach dem „Anschluss" kam es zu vermehrten Suiziden von Jüdinnen und Juden in Österreich, worüber in der ausländischen Presse berichtet wurde. Derartige Meldungen wurden in der Folge in der NS-Presse untersagt, um ein negatives Image im Ausland zu vermeiden.[236] In Linz begingen Mitte März 1938 Friederike Spitz, die Seniorchefin der Spirituosenfabrik Spitz, und ihre Söhne Alexander und Eduard Selbstmord. Nach Übergriffen gegen die jüdische Bevölkerung und der Deportation ihres Schwagers Viktor Spitz in das KZ Dachau sahen sie keinen anderen Ausweg.[237]

Die vielfältigen Widerstandshandlungen von Verfolgten fanden erst in den letzten Jahren Beachtung, lange dominierte die Beschreibung von Jüdinnen und Juden als passive Opfer der nationalsozialistischen Vernichtungspolitik. Diese Darstellung ignorierte, dass auch Jüdinnen und Juden in Widerstandsgruppen aktiv waren.[238] Auch Rom*nja und Sinti*ze sowie Homosexuelle versuchten, der Verfolgung zu entkommen oder schlossen sich Widerstandsgruppen an.[239] Nicht zuletzt leisteten auch Zwangsarbeiter*innen, die je nach Herkunft sehr unterschiedlich behandelt wurden, Widerstand, etwa durch Flucht, Sabotage und Missachtung von Vorschriften.[240]

Untertauchen und Flucht

Der aussichtsreichste Weg, sich der nationalsozialistischen Verfolgung zu entziehen, war die Flucht in ein sicheres Ausland. Dies war bis September 1939 nur mit hohem finanziellen Aufwand realisierbar, so musste neben sonstigen Ausgaben auch eine „Reichsfluchtsteuer"

Im Nationalsozialismus wurden zahlreiche Menschen zu „Volksfeinden" erklärt und *systematisch verfolgt*. Neben der jüdischen Bevölkerung betraf dies politische Gegner*innen, Bibelforscher*innen, Homosexuelle, Minderheiten wie Romn*ja und Sinti*ze aber auch psychisch sowie physisch als „krank" eingestufte Menschen. Diskriminiert, ausgegrenzt, verfolgt und ermordet wurden vor allem Jüdinnen und Juden. Die „Nürnberger Rassengesetze" legten seit 1935 fest, wer als „jüdisch" kategorisiert wurde.

bezahlt werden. Mit Kriegsbeginn reduzierten sich die Möglichkeiten der legalen Ausreise entscheidend. Das Gebiet des Deutschen Reichs konnte nur mehr in Einzelfällen und ab Oktober 1941 gar nicht mehr legal verlassen werden. Für Personen, die die „Reichsfluchtsteuer" nicht zahlen oder aus anderen Gründen nur illegal ausreisen konnten, war die Flucht mit hohen Risiken verbunden. In vielen Fällen waren Flüchtende auf Hilfe angewiesen.[241] So versteckten beispielsweise Kapuzinerpatres eine als Jüdin verfolgte Frau im Klostergarten des Linzer Kapuzinerklosters und halfen ihr, in die Schweiz zu fliehen.[242] Mit dieser Hilfeleistung brachten sich die Helfer selbst in große Gefahr. Sowohl die namentlich nicht bekannte Frau, die sich der nationalsozialistischen Verfolgung durch Flucht entzog, als auch die Ordensangehörigen leisteten demnach Widerstand. Ein weiteres Beispiel von unterstütztem Untertauchen auf dem Gebiet des heutigen Oberösterreich ist aus Altaussee überliefert. Die laut Rassengesetzen als „Halb-Jüdin" geltende Monika Taylor war in Wien im Untergrund aktiv gewesen und wurde von der SS gesucht, als sie von der ebenfalls im Widerstand tätigen Edith Hauer-Frischmuth versteckt und finanziell unterstützt wurde. Als sich Hauer-Frischmuth 1944 nach Altaussee zurück zog und sich auch dort im Widerstand engagierte, holte sie Taylor zu sich. Beide Frauen blieben unentdeckt und überlebten die NS-Zeit, Edith Hauer-Frischmuth wurde 1998 für ihre Hilfeleistung von Israel als *„Gerechte unter den Völkern"* ↓ anerkannt.[243]

Schwieriger und seltener war die Flucht aus einem der nationalsozialistischen Konzentrationslager. Die Jüdin Esther Feinkoch (geb. 1926), die aus dem polnischen Łódź stammte, war seit 1944 in mehreren KZs inhaftiert und wurde im April 1945 in das KZ Mauthausen deportiert und in einer Baracke beim Steinbruch „Wiener Graben" untergebracht. Durch ein Loch im Zaun des Barackenlagers gelang es ihr kurz vor Kriegsende zu entkommen. Sie kam auf ihrer Flucht zu einem fünf Kilometer entfernten Bauernhof in Langenstein und klopfte an die Tür von Maria und Johann Schatz. Das Ehepaar nahm die völlig entkräftete junge Frau bis zur Befreiung durch die Rote Armee in ihrem Haus auf, gab ihr frische Kleidung und zu essen. 2009 wurden auch Maria und Johann Schatz für diese Hilfeleistung als „Gerechte unter den Völkern" geehrt.[244]

„Gerechter unter den Völkern" ist ein Ehrentitel, der vom Staat Israel an Nichtjüdinnen und -juden vergeben wird, die sich unter Einsatz ihres Lebens für jüdische Mitmenschen einsetzten. 112 Österreicher*innen wurden bisher als „Gerechte" ausgezeichnet. Aus Oberösterreich erhielten bisher nur Maria und Johann Schatz und Edith Hauer-Frischmuth diese Auszeichnung.

ABB.28 Esther Feinkoch, ca. 1947.

Oft spielte bei Flucht und Untertauchen das Vortäuschen einer falschen Identität eine zentrale Rolle. Ein Beispiel hierfür ist Ida Blutreich, die aus dem Gebiet Galizien stammte. Mithilfe von gefälschten Papieren gab sie sich als Ukrainerin aus und meldete sich zum Arbeitseinsatz ins Deutsche Reich. Dadurch entging sie der Verfolgung als Jüdin in ihrer besetzten Heimat.[245] Ohne Erfolg blieb der Fluchtversuch von Rosa Kerndlbacher (geb. 1923), einer jungen Sinteza aus Oberösterreich. Sie war gemeinsam mit ihrer Familie 1939 in einem Sammellager für „Zigeuner“ in Salzburg interniert worden. 1940 wurde sie ins bayrische Mittenwald gebracht, wo sie in einem Film der Regisseurin Leni Riefenstahl als Statistin arbeiten musste. Als sie von der bevorstehenden Deportation ihrer Familie erfuhr, flüchtete sie in einer Drehpause, wurde aber kurz darauf gefasst und inhaftiert. Rosa Kerndlbacher,

Ida Blutreich

Ida Blutreich (geb. 1924), verheiratete Löw, stammte aus einer wohlhabenden jüdischen Familie in Rawa Ruska (heute Ukraine). Nach dem deutschen Überfall auf die Sowjetunion 1941 und der Eingliederung des Gebiets in das „Generalgouvernement" für die besetzten polnischen Gebiete nahmen Ida Blutreich und ihre Freundin Anna Fränkel (geb. 1925) mithilfe der Papiere verstorbener Ukrainerinnen eine falsche Identität an. Die beiden jungen jüdischen Frauen meldeten sich 1942 zum Arbeitseinsatz ins Deutsche Reich, um der drohenden Deportation in das Vernichtungslager Belzec zu entgehen. Unter dem Namen „Katarina Leszczyszyn" verließ Ida Blutreich im Juni 1942 ihren Heimatort und kam über Krakau und Wien in das „Durchgangslager 39" der Hermann-Göring-Werke (HGW) im Linzer Stadtteil Bindermichl.

Im Gegensatz zu vielen anderen ukrainischen Zwangsarbeiter*innen war Ida Blutreich gut gebildet. Das löste unter ihren Landsleuten Misstrauen aus, weshalb sie eine Stelle bei SS-Sturmbannführer Karl Eberhardt und seiner Frau am Linzer Froschberg annahm. Sie arbeitete dort von September 1942 bis April 1943 und kehrte anschließend in den Lagerkomplex der HGW zurück. Ida Blutreich hielt weiter Kontakt zu ihrer Freundin Anna Fränkel, die als Zwangsarbeiterin in St. Martin in der Steiermark eingesetzt war. Schließlich wurden beide Frauen als Jüdinnen enttarnt und von der Gestapo verhört. 1944, im Alter von 20 Jahren, wurden sie in das Vernichtungslager Auschwitz-Birkenau deportiert. Sie überlebten und emigrierten nach dem Krieg unabhängig voneinander nach Israel.[246] Sowohl Ida Blutreichs als auch Anna Fränkels Erinnerungen wurden in Romanen festgehalten.[247]

Die *Internationalen Brigaden* setzten sich aus antifaschistischen Freiwilligen aus Europa und Nordamerika zusammen, die mit Beginn des Spanischen Bürgerkriegs im Jahr 1936 auf der Seite der Spanischen Republik gegen Francisco Franco kämpften. Die Internationalen Brigaden bildeten den größten Truppenverband nicht-spanischer Kämpfer*innen. Insgesamt schlossen sich ihnen mehr als 40.000 Personen aus über 40 Nationen an.

später verheiratete Winter, überlebte den NS-Terror, verlor aber fast ihre gesamte Familie in den NS-Konzentrationslagern.[248]

Widerstand im Exil und Sabotage

Zahlreiche Verfolgte schlossen sich organisierten Widerstandsgruppen an – entweder auf dem Gebiet des ehemaligen Österreich oder nach einer geglückten Flucht in ihrem Zufluchtsland. Die Wienerin Gerty Schindel war zum Beispiel nach Frankreich geflüchtet und betätigte sich dort im französischen Widerstand. Im Auftrag ihrer Widerstands-

gruppe kehrte sie mit gefälschten Papieren nach Österreich zurück, um in Linz eine kommunistische Widerstandsgruppe aufzubauen. Andere Jüdinnen und Juden leisteten bewaffneten Widerstand, indem sie den alliierten Streitkräften beitraten oder im Spanischen Bürgerkrieg auf der Seite der Republik gegen den Faschismus kämpften.[249] Auch Rom*nja und Sinti*ze schlossen sich dem Widerstand in Frankreich an oder traten Partisanengruppen im ehemaligen Jugoslawien bei.[250] Der bewaffnete Kampf wurde mit wenigen Ausnahmen von Männern geführt. Frauen übernahmen beispielsweise bei den *Internationalen Brigaden* → 114 im Spanischen Bürgerkrieg Aufgaben

ABB.29 Gerty Schindel mit ihrem Sohn Robert in Wien, 1950.

im Sanitätsdienst, arbeiteten als Dolmetscherinnen für die Presse oder in Transportorganisationen, die Kämpfer*innen nach Spanien schleusten.[251]

Unter besonderer Beobachtung durch den NS-Apparat standen ausländische Zwangsarbeiter*innen. Diese waren ab 1939 aus den von der Wehrmacht besetzten Gebieten großteils gegen ihren Willen zur Arbeit in das Deutsche Reich gebracht worden. Zuvor hatten sie in ihrer Heimat die gewaltsame Kriegsführung der nationalsozialistischen Truppen miterlebt. In den Gestapo-Tagesberichten sind tatsächlich eine Vielzahl an Widerstandshandlungen von Zwangsarbeiter*innen verzeichnet: Sie betrieben Sabotage, kritisierten das NS-Regime und schlossen sich organisierten Widerstandsgruppen an,

wie etwa die aus der östlichen Ukraine stammende Olga Afanasjewa Gribkowa (geb. 1925).[252] Sie war als Stanzerin tätig, als sie im April 1943 mit anderen Jugendlichen ihres Jahrgangs von den deutschen

ABB.30 Olga Gribkowa (r.) in Steyr, 1944

Gerty Schindel

Die Gärtnerin Gerty Schindel (geb. 1913) wuchs in einer jüdischen Familie in Wien auf. In den 1920er-Jahren trat sie dem Kommunistischen Jugendverband (KJV) bei und wurde in den 1930er-Jahren aufgrund ihrer politischen Tätigkeit zweimal verhaftet. Nach der Machtergreifung durch das NS-Regime gelang ihr mit Hilfe von Bekannten die Flucht nach Frankreich: „Wie die Nazis dann gekommen sind, bin ich rechtzeitig in ‚Butter gegangen' – so hat man gesagt, wenn man geflüchtet ist."[253]

Gerty Schindel war eine von ungefähr 4.850 Österreicher*innen, die nach 1938 in Frankreich Zuflucht suchten, um politischer und/oder „rassischer" Verfolgung durch das NS-Regime zu entkommen.[254] Mit der deutschen Besetzung Frankreichs im Jahr 1940 änderte sich die Situation. Die meisten Geflüchteten versuchten in die unbesetzte Zone Frankreichs zu gelangen, während andere, wie Gerty Schindel, untertauchten. Noch im selben Jahr schloss sie sich dem französischen Widerstand in Paris an: „Wir haben in Frankreich die Menschen unterstützt, die gegen die deutsche Besetzung waren, die für die Freiheit Frankreichs waren. Freiheit und Friede das war die Schiene, und dafür haben wir uns eingesetzt."[255] Im Jahr 1943 ging sie getarnt als elsässische Fremdarbeiterin unter dem Decknamen Susanne Soel gemeinsam mit ihrem Lebensgefährten René Hajek nach Linz, um dort Angehörige der Wehrmacht über den Verlauf des Krieg aufzuklären, Informationen für die Widerstandsorganisation in Frankreich zu sammeln und eine kommunistische Widerstandsgruppe aufzubauen. Im April 1944 kam der gemeinsame Sohn Robert zur Welt, der heute ein bekannter Schriftsteller ist. Nur fünf Monate später wurden Gerty Schindel und René Hajek verhaftet und in das KZ Auschwitz deportiert.[256] Der Säugling kam in ein Kinderheim in Wien und überlebte die Zeit des Nationalsozialismus unter dem Decknamen Robert Soel. Sein Vater wurde in Dachau ermordet,[257] seine Mutter im Jahr 1945 von Auschwitz nach Ravensbrück transportiert. Als kommunistische Widerstandskämpferin, die zusätzlich von den Nationalsozialisten als Jüdin verfolgt wurde, waren ihre Überlebenschancen gering. Doch konnte sich Gerty Schindel, unterstützt von Kolleginnen der internationalen Widerstandsorganisation, im Lager über Wochen hinweg versteckt halten und so der Ermordung entgehen. In einem schwedischen Rot-Kreuz-Transport entkam sie schließlich aus dem KZ Ravensbrück.[258] Gerty Schindel war zeit ihres Lebens überzeugte Kommunistin. Zur Jüdin wurde sie erst „von Hitler gemacht", wie ihr Sohn berichtete.[259]

Nach dem Krieg heiratete sie den Spanienkämpfer Georg Nürnberger und war bis zu ihrer Pensionierung in der internationalen Abteilung der KPÖ beschäftigt. Sie starb 2008 im Alter von 95 Jahren in einem Wiener Altersheim.[260]

Besatzern zwangsrekrutiert wurde. Gribkowa wurde nach Steyr gebracht und musste als Schleiferin in einer unterirdischen Rüstungsfabrik arbeiten. Nach eigenen Angaben war sie in Österreich Mitglied einer sowjetisch-russischen Widerstandsgruppe, für die sie Flugblätter verteilte und Kurierdienste verrichtete. Einmal fuhr sie dafür mit ihrer österreichischen Freundin Hedwig Brunnsteiner (geb. 1923) von Steyr aus in das KZ Mauthausen. Olga Gribkowa ging ein sehr hohes Risiko bei ihren Aktivitäten ein, da sie sich als Zwangsarbeiterin nicht frei bewegen durfte und im Falle einer Verhaftung mit besonders harten Strafen rechnen musst. Ihr Engagement blieb jedoch bis zuletzt unentdeckt.[261]

Das unerlaubte Verlassen des Arbeitsplatzes oder der Versuch zu fliehen, um sich den schlechten Lebens- und Arbeitsbedingungen zu entziehen, waren für Zwangsarbeiter*innen lebensgefährlich.[262] Ihre Widerstandshandlungen aber auch jene anderer verfolgter Personen waren noch härteren Repressionsmaßnahmen unterworfen als Widerstand von Österreicher*innen. So wurden beispielsweise Jüdinnen und Juden, die im kommunistischen Widerstand aktiv waren, ab 1943 nicht mehr vor Gericht gestellt, sondern direkt in Konzentrationslager eingewiesen.[263]

Reden und schweigen:

Nach 1945

Österreich wurde 1945 durch die alliierten Streitkräfte vom Nationalsozialismus befreit. Nach der Ausrufung der Republik Österreich Ende April stellte sich die Frage nach dem Umgang mit ehemaligen Nationalsozialist*innen sowie NS-Sympathisant*innen auf der einen Seite und den Opfern und Gegner*innen des NS-Regimes auf der anderen Seite. Die alliierten Besatzungsmächte (USA, UK, Frankreich und Sowjetunion) drängten darauf, ehemalige Nationalsozialist*innen zur Verantwortung zu ziehen. Bereits 1945 wurden von der provisorischen Regierung erste Gesetze zur *Entnazifizierung* ↓ beschlossen. Trotz dieser Maßnahmen hielt sich in der österreichischen Bevölkerung noch über Jahre hinweg eine unkritische Haltung zum NS-Regime. In Linz zeigte laut einer Erhebung der US-Behörden in den unmittelbaren Nachkriegsjahren in etwa die Hälfte der Bevölkerung eine NS-freundliche und antisemitische Einstellung.[264]

Die Regierungsverantwortlichen der neu gegründeten Zweiten Republik vertraten grundsätzlich die Einstellung, dass Österreich das „erste Opfer" von Adolf Hitlers Aggressionspolitik gewesen sei und Österreicher*innen kaum Verantwortung an den NS-Verbrechen tragen würden. Von diesem „Opferstatus" erhoffte sich die Staatsspitze eine günstige Position in den Verhandlungen mit den alliierten Besatzungsmächten und eine rasche Wiedererlangung der Souveränität. Um den „Opfermythos" zu unterstreichen, waren die demokratischen Parteien bemüht, Österreicher*innen als ein Volk darzustellen, das aktiv Widerstand gegen den Nationalsozialismus geleistet hatte. Diejenigen, die sich tatsächlich gegen das NS-Regime aufgelehnt hatten und Opfer der NS-Verfolgung geworden waren, stellten jedoch innerhalb der Bevölkerung eine Minderheit dar.

Überlebende Widerstandskämpfer*innen und Verfolgte machten sich unmittelbar nach Kriegsende für eine aktive Erinnerungskultur an die Opfer des Nationalsozialismus stark. Die initiierten Mahnmale und Gedenktafeln waren oftmals Berufsgruppen gewidmet oder sollten den politischen Widerstand des sozialistisch-kommunistischen und christlich-konservativen Lagers hervorstreichen. Die Ausprägung dieser ersten Gedenkkultur war von Bundesland zu Bundesland unterschiedlich. In Wien wurden zwischen 1945 und 1949 zahlreiche Denkmäler errichtet, während in Linz nur eine Gedenktafel für 1938 ermordete Polizeibeamte, und ein Mahnmal für Werftarbeiter,

Als *Entnazifizierung* wird der Prozess bezeichnet, den Einfluss ehemaliger Nationalsozialist*innen in der deutschen und österreichischen Nachkriegsgesellschaft zu unterbinden und wichtige Akteur*innen der NS-Zeit zur Verantwortung zu ziehen. Nach dem Verbotsgesetz (Mai 1945) mussten sich ehemalige Mitglieder der NSDAP und anderer NS-Organisationen registrieren. Sie waren zur 1. Nationalratswahl nicht zugelassen, sogenannte Sühnemaßnahmen (Internierung, Geldstrafen, Entlassung oder Berufsverbot) richteten sich nach der Einstufung in „Belastete" oder „Minderbelastete". Personen, die für NS-Verbrechen verantwortlich waren, wurden nach dem Kriegsverbrechergesetz (Juni 1945) angeklagt.

die Widerstand geleistet hatten, installiert wurden.[265] Widerstand von Frauen und Handlungen, die nicht dem damals geltenden Widerstandsbegriff entsprachen, wurden in der Nachkriegszeit so gut wie gar nicht gewürdigt. Eine Ausnahme ist die Umbenennung einer Straße nach der kommunistischen Rot-Kreuz-Schwester Herta Schweiger in ihrem Heimatort Steyr im Jahr 1945. Die Straßen des während des Nationalsozialismus erbauten Stadtviertels Münichholz waren ursprünglich nach Nationalsozialisten benannt, im Mai 1945 beschloss eine Gruppe von Kommunist*innen und Menschen, die im Widerstand gewesen waren, diese zu ersetzen und Personen zu ehren, die gegen das Dollfuß-Schuschnigg- und das NS-Regime aufgetreten waren. Als einzige Frau wurde auf diese Weise auch Herta Schweiger gewürdigt.[266]

Trotz dieser ersten Zeichen der wertschätzenden Erinnerung war der Rückhalt für die Anerkennung von Widerstand in der österreichischen Nachkriegsgesellschaft gering. Ein KZ-Aufenthalt wurde von der Mehrheit der Bevölkerung lange Zeit abschätzig betrachtet. Wenn es keinen zwingenden Grund gab, sprachen Betroffene mit Unbeteiligten kaum über ihre Erfahrungen. In der Bevölkerung herrschte lange Zeit wenig Verständnis für Menschen, die „gegen den Strom geschwommen" waren und anders als die Mehrheit gehandelt hatten.

Diese Vorbehalte trafen auch Maria Langthaler, die ein großes Risiko eingegangen war, als sie aus Menschlichkeit und religiöser Überzeugung gegen den Rat ihres Mannes zwei aus dem KZ Mauthausen entflohene Häftlinge versteckte. Nach dem Krieg erhielt die Familie anonyme Schmähbriefe. In den 1990er-Jahren wurde die Geschichte schließlich mit großem Erfolg von Andreas Gruber verfilmt.[267] Erst 2005 erhielt Maria Langthalers Tochter Anna Hackl den Menschenrechtspreis des Landes Oberösterreich, und seit 2019 ist eine Straße in Schwertberg nach Maria Langthaler benannt. 2021 wurde sie posthum mit dem Tapferkeitsorden der Russischen Föderation für ihre „Opferbereitschaft, den Mut und die Tapferkeit bei der Rettung zweier sowjetischer Kriegsgefangener während des Großen Vaterländischen Kriegs 1941–1945" ausgezeichnet. Der Orden wurde ihrer Tochter Anna Hackl am 15. Mai 2021 in Mauthausen vom russischen Botschafter übergeben. Die russische Presse merkte in

diesem Zusammenhang an, dass ihr eine vergleichbare Auszeichnung in ihrer Heimat bisher nicht zuerkannt worden sei.[268]

Insbesondere Personen, die den Wehrdienst verweigert hatten oder Wehrdienstverweigerern geholfen hatten, stießen auf wenig Verständnis in der Bevölkerung und wurden teilweise als „Eidbrecher, Verräter oder Kameradenmörder“ bezeichnet.[269] Diese gesellschaftliche Stigmatisierung bekam auch Franziska Jägerstätter zu spüren, die Ehefrau des wegen „Wehrkraftzersetzung“ hingerichteten Landwirts Franz Jägerstätter. Obwohl sie mit drei Kindern alleine zurückblieb, respektierte sie die Entscheidung ihres Mannes, der als gläubiger Katholik die Wehrpflicht verweigert hatte. In ihrem Heimatdorf St. Radegund im Bezirk Braunau hielt sich in der Nachkriegszeit Kritik an Franz Jägerstätters Haltung. In einer Dokumentation des Norddeutschen Rundfunks aus dem Jahr 1967 äußerten Dorfbewohner, dieser hätte sich mit seinem Handeln außerhalb der Gemeinschaft gestellt und seine Familie und den Landwirtschaftsbetrieb im Stich gelassen. Auch die katholische Kirche in Österreich zögerte lange Zeit mit der Würdigung seiner Wehrdienstverweigerung. Ein Umdenken erfolgte nur sehr langsam und fand in der Seligsprechung Jägerstätters im Jahr 2007 einen versöhnlichen Abschluss.

ABB.31 Der sowjetischen Botschafter Wiktor Awilow dankt Maria Langthaler und ihrer Familie für die Rettung seiner Landsleute, Schwertberg 1964.

Besonders viele Urteile wegen „Wehrkraftzersetzung“ waren über Mitglieder der Religionsgemeinschaft der Zeugen Jehovas verhängt worden, auch gegen zahlreiche Frauen, die sich geweigert hatten, in Rüstungsbetrieben zu arbeiten. Theresia Mattischek, die über fünf Jahre im KZ Ravensbrück inhaftiert gewesen war, litt nicht nur unter ihrer eigenen Verfolgungserfahrung, sondern auch unter dem Verlust ihres ältesten Sohns, der den militärischen Eid auf Adolf Hitler verweigert hatte und zum Tode verurteilt worden war. Auch der Ehemann und zwei weitere Söhne waren Opfer der NS-Verfolgung. Einer von ihnen, Hubert Mattischek, schrieb im Jahr 1967 an das Dokumentationsarchiv des österreichischen Widerstandes (DÖW): „Es ist erfreulich, daß sich jemand für Dokumentation interessiert. Ich bin aber der Meinung, daß auch mehr für die Überlebenden getan werden müßte. … Was nützt es, wenn die Verfolgten die jetzt junge Generation mahnen und ihnen alles erzählen, wenn sie selbst nicht rehabilitiert werden.“[270]

Es dauerte 64 Jahre, bis der österreichische Nationalrat 2009 mit dem Aufhebungs- und Rehabilitationsgesetz alle Opfer der Militär- und SS-Gerichte rehabilitierte.[271] Auch die Desertion wurde als „bewusste Nichtteilnahme am Krieg an der Seite des nationalsozialistischen Unrechtsregimes“ als Akt des Widerstands anerkannt.[272] 2014 wurde schließlich am Wiener Ballhausplatz ein Denkmal für die Verfolgten der NS-Militärjustiz eröffnet.

Die politischen Interessen ehemaliger Verfolgter und Widerstandskämpfer*innen wurden 1945 nach der Befreiung von den neu gegründeten *Opferverbänden* ↓ vertreten. Sie forderten die Anerkennung von Opfergruppen und die Zuerkennung von Opferrenten und Entschädigungen. Wer wofür anspruchsberechtigt war, wurde im *Opferfürsorgegesetz* →125 geregelt, das am 17. Juli 1945 in Kraft trat und über die Jahre immer wieder erweitert wurde.[273] Ursprünglich war eine finanzielle Unterstützung an die österreichische Staatsbürgerschaft, soziale Bedürftigkeit und eine nachweisliche Tätigkeit im Widerstand gebunden. Seit 1947 konnten auch Opfer rassistischer Verfolgung Hilfeleistungen beantragen, und seit 1952 wurden Haftentschädigungen gewährt. Da die sich wiederholt ändernde Gesetzeslage schwer zu überblicken war, waren Antragstellende auf Unterstützung

Unmittelbar nach dem Krieg formierten sich *Opferverbände*, die für die rechtlichen und gesellschaftlichen Interessen ehemaliger Verfolgter und Widerstandskämpfer*innen eintraten. Ab den 1960er-Jahren traten der Bund sozialdemokratischer Freiheitskämpfer und Opfer des Faschismus, die ÖVP-Kameradschaft der politisch Verfolgten und der kommunistische KZ-Verband gemeinsam als Arbeitsgemeinschaft der NS-Opferverbände und Widerstandskämpfer*innen Österreichs auf.

und Beratung angewiesen. Oft wurde diese Tätigkeit von engagierten Frauen übernommen.

Mit Widerstand war zuerst ausschließlich aktiver politischer Widerstand gegen das Regime gemeint. Wer Verfolgten geholfen oder gegen andere verbrecherische Gesetze des NS-Regimes verstoßen hatte, durfte in der Regel nicht mit einer Anerkennung als Widerstandskämpfer*in im Sinne des Opferfürsorgegesetzes rechnen. Damit waren viele Frauen von den Maßnahmen ausgenommen. Für Antragsteller*innen war die Beantragung oft langwierig und beschämend. Im Mai 1957 bat die Witwe Frieda Buchacher aus Linz, die in der Widerstandsgruppe „Münichreiter“ aktiv gewesen war, um eine amtsärztliche Bestätigung ihres verschlechterten Gesundheitszustands. Sie sei zu einer medizinischen Untersuchung „überall bereit, nur nicht mehr in Linz“.[274] Dort habe sie demütigende Erfahrungen mit Ärzten gemacht. Viele ehemalige Häftlinge litten unter den körperlichen und psychischen Spätfolgen des Erlebten, waren nur mehr bedingt oder gar nicht arbeitsfähig und berichteten in ihren Anträgen von Nerven- und Herzleiden. Zudem waren die Lebensverhältnisse vieler Frauen, die in Haft gewesen waren, bescheiden, insbesondere, wenn sie alleine für Kinder aufkommen mussten. Während der Haft waren teilweise die Wohnungen beschlagnahmt worden, oft verloren sie ihr ganzes Hab und Gut und hatten keine andere Wahl, als um eine Opferrente anzusuchen. Als Frieda Buchacher 1959 mit ihrer Tochter und ihrem Enkelkind delogiert und in ein Übergangsheim eingewiesen wurde, wandte sie sich direkt an den Bundespräsidenten. Sie schilderte ihren Leidensweg und bat für die Ausstattung einer neuen Wohnung um Gewährung eines zinsfreien Darlehens.[275] Die Rolle als Bittstellerin um finanzielle Unterstützung als Opfer und die fehlende gesellschaftliche Anerkennung bis hin zur Verunglimpfung ihres widerständischen Handelns wirkte sich sicherlich auf die Selbstwahrnehmung der Frauen aus.

Für Personen, die rassistisch verfolgt worden waren oder politischen Widerstand geleistet hatten, waren die entsprechenden Opferverbände oft wichtige soziale Netzwerke. Dies war ein Umfeld, in dem eine KZ-Haft Anerkennung fand und als unwiderlegbarer Beweis dafür galt, aktiv gegen den Faschismus gekämpft zu haben. Ein zentraler Fixpunkt im Leben ehemaliger Widerstandskämpfer*innen

Mit dem *Opferfürsorgegesetz* aus dem Jahr 1947 sollte die soziale Fürsorge für Opfer des Nationalsozialismus geregelt werden. Seit 1952 wurden auch Entschädigungen für Haftzeiten ausgezahlt. Der Kreis der Anspruchsberechtigten wurde in mehreren Novellen von einem engen Kreis an Personen, die politischen Widerstand geleistet hatten, auf weitere Gruppen ausgeweitert. 1949 wurden Opfer rassistischer Verfolgung inkludiert, Ansuchen von Rom*nja und Sinti*ze wurden aber zumeist abgelehnt. Erst ab 1995 erhielten auch sie sowie Homosexuelle, als „asozial“ Eingestufte, Menschen mit Behinderung und jüdische Vertriebene eine Entschädigung durch den neu geschaffenen Nationalfonds.

war zudem der – ritualisierte – Besuch der jährlichen Gedenkveranstaltung in der KZ-Gedenkstätte Mauthausen. Später fanden auch in Ebensee Feierlichkeiten statt, zudem luden Ortsverbände an Fronleichnam zu Kranzniederlegungen auf Friedhöfen ein.

Neben dem offiziellen Gedenken spielte die Widerstandsaktivität und die erlebte Verfolgung in den privaten sozialen Beziehungen eine wichtige Rolle. Vor allem für Frauen, die organisierten Widerstand geleistet hatten, waren Freundschaftsnetzwerke eine wichtige Möglichkeit, sich mit Gleichgesinnten über die gemeinsame Vergangenheit auszutauschen. An solch ein Netzwerk von Leuten, die durch „gemeinsame Aktivitäten gegen die Nazis" miteinander verbunden waren, erinnert sich Josef Ehmer, der jüngere Sohn Maria Ehmers, die bei der „Roten Hilfe" in Gmunden aktiv gewesen war.[276] In der Nachkriegszeit hielt seine Mutter Kontakt mit „Genossinnen und Genossen" und traf sie regelmäßig in Bad Aussee. Über die Vergangenheit wurde seiner Erinnerung nach bei diesen Zusammenkünften allerdings eher in einer „anekdotischen Art und Weise" gesprochen.[277] In der eigenen Familie blieben die Erlebnisse der NS-Zeit in den ersten Nachkriegsjahrzehnten praktisch ausgeklammert.

Der Beitrag von Frauen fand selbst innerhalb dieser Netzwerke lange Zeit kaum als „echter" Widerstand Anerkennung. Diese Tendenz lässt sich auch in männlichen Berichten über Widerstand beider politischer Lager beobachten, etwa in Sepp Plieseis' Bericht „Vom Ebro zum Dachstein" aus dem Jahr 1946 oder Peter Revertera-Salandras Aufzeichnungen über die „Widerstandsgruppe Helfenberg" für das „Rot-Weiß-Rot-Buch" aus dem Jahr 1946. Beide erwähnten beteiligte Frauen, wenn überhaupt, nur am Rand. Den Anstoß für eine erste Beschäftigung mit weiblichem Widerstand gaben in den 1970er-Jahren Interviews mit Frauen, die im kommunistischen Widerstand aktiv gewesen waren.[278] Das damit verbundene Interesse an ihren Handlungen ermöglichte den Frauen selbst eine neue Auseinandersetzung mit ihrer Vergangenheit, die über die ritualisierten Gedenkveranstaltungen der Opferverbände hinausging. Auch für Maria Ehmer und ihren Sohn Josef Ehmer waren diese Interviews der Anstoß für erste längere Gespräche über ihre Erfahrungen.

Parallel dazu wandelte sich in den 1980er-Jahren zumindest der offizielle gesellschaftliche und politische Umgang mit Widerstand. Vom NS-Regime verfolgt gewesen zu sein wurde nun in einem breiteren Kontext als anerkennungswürdig geachtet. Dies bedeutete einen wichtigen Schritt von der Rolle des Opfers hin zu aktiv und selbstbestimmt handelnden Personen im Widerstand – eine Zuschreibung, die gerade für viele Frauen neu war. Josef Ehmer erinnert sich an den großen Stolz seiner Mutter, als die deutsche Frauenzeitschrift „Brigitte" das Buch „Der Himmel ist blau. Kann sein" besprach. Ihre Geschichte war prominent geschildert, auch ihr Foto war abgedruckt.[279]

Für viele Frauen brachte der gesellschaftliche Wandel sicherlich nicht nur Stolz, sondern auch Erleichterung. Neben der Nichtanerkennung oder sogar Stigmatisierung ihres widerständischen Handelns konnte die Erinnerung auch mit Zweifeln und Gewis-

sensbissen verbunden sein, besonders, wenn Kinder oder andere Familienmitglieder gelitten hatten: Hatte sich ihr Verhalten gelohnt? War der Preis nicht zu hoch gewesen?

ABB.32 Maria Ehmer (1. Reihe, 1. v. r., sitzend mit dunklem Kleid) mit befreundeten Widerstandskämpfer*innen am Grundlsee, ca. 1951.

Besonders schwierig war die Situation von Frauen, die Alltagswiderstand geleistet hatten, sich nicht in den Opferverbänden wiederfanden und auch rechtlich nicht als Widerstandskämpfer*innen anerkannt wurden. Selbst wenn es ihnen gelang, eine politische Motivation nachzuweisen und damit eine Haftentschädigung oder Opferrente zu bekommen, der „geschützte" Rahmen für Treffen mit Gleichgesinnten fehlte und die gesellschaftliche Anerkennung blieb dieser Personengruppe besonders lange verwehrt. Auch sie schwiegen oft aus Scham, Angst oder dem Gefühl, nichts Wichtiges getan zu haben – manche ein Leben lang. Laut Ernst Dürr hat Theresia Pfarrwallner aus Schärding, deren Unterstützung für Kriegsgefangene unentdeckt blieb, „bisher mit niemandem darüber gesprochen".[280] War eine Frau nicht angezeigt worden, existieren auch keine Akten, die Zeugnis von ihrem Handeln geben könnten. Sie blieben damit auch für die historische Forschung verborgen.

Scham und Schuldgefühle begleiteten vor allem Frauen, die wegen „Verbotenen Umgangs" verurteilt und Gefängnis- oder KZ-Haft überlebt hatten. Aloisia Hofinger hatte sich in einen polnischen Zwangsarbeiter verliebt und von ihm ein Kind bekommen. Sie wurde angezeigt und im KZ Ravensbrück interniert. Nach ihrer Rückkehr in ihren Heimatort mied sie jahrelang die Öffentlichkeit aus Furcht vor „Gerede". Erst durch ihre Kinder, später durch Interviews und Filmdokumentationen lernte sie über ihre Erfahrungen zu sprechen.[281] Auch Elisabeth R. litt ihr Leben lang unter den Ereignissen ihrer Verhaftung. Sie hatte als Bauernmagd einem polnischen Zwangsarbeiter die Wäsche gewaschen und verbüßte dafür insgesamt eineinhalb Jahre KZ-Haft. In einem Interview im Jahr 2006 beschrieb sie die quälenden Erinnerungen: „Hunger und Durst, Angst und Kälte.... Heute habe ich noch oft Albträume. Da hat man das Gefühl, es verfolgt einen. Da kann man nicht richtig schlafen und wach ist man auch nicht. Und da schreie ich so viel."[282] Ihre Erlebnisse konnte sie im Kontakt mit Historiker*innen und Studierenden erstmals ausführlich erzählen.

Auch Zeitzeug*innengespräche an Schulen, wie sie seit den 1970er-Jahren durchgeführt werden, sind eine spezielle Form der Anerkennung. In dieser Rolle konnten Frauen, die vom NS-Regime verfolgt worden waren und/oder Widerstand geleistet hatten, über ihre

Erfahrungen sprechen und bekamen vermittelt, einen wichtigen Beitrag für eine gerechtere Gesellschaft zu leisten. Das Interesse junger Menschen an ihrer Lebensgeschichte und die Erfahrung, als Vorbild zu gelten, hat Zweifeln an dem Sinn der eigenen Entscheidungen sicherlich entgegengewirkt.

Seit 2000 regt sich langsam mehr Interesse an weiblichem Widerstand, in der Regel hat dieses jedoch einen parteipolitischen oder religiösen Hintergrund und konzentriert sich auf Frauen im politischen Widerstand, die ermordet wurden oder in der Haft gestorben sind, oder Frauen einer bestimmten Religionszugehörigkeit. Der Verein Lila Winkel recherchiert seit den frühen 2000er-Jahren Biografien verfolgter Zeugen Jehovas, darunter zahlreicher Frauen. Auch Wissenschafter*innen nahmen das Thema Widerstand von Frauen wieder auf, wie jüngst Helga Amesberger, Simon Clemens und Brigitte Halbmayr, die Widerstandstätigkeit von Frauen in Wien und die Auswirkungen ihres Handelns auf die nächsten Generationen untersuchten.[283]

Vereinzelt erfuhren Widerstandskämpferinnen in Oberösterreich öffentliche Ehrungen. Im Jahr 2000 wurde in Ebensee eine Straße nach Hermine Schleicher benannt, 2006 folgte die Stadt

ABB.33 Die Zeitzeugin Anna Hackl mit Schüler*innen der HLBLA St. Florian, 2020.

Linz mit der Benennung einer Wohnstraße in Linz-Ebelsberg nach Gisela Tschofenig. 2010 stiftete die 3. Landtagspräsidentin Gerda Weichsler-Hauer eine Gedenktafel für Herta Schweiger in Steyr. 2019 widmete die Gemeinde Schwertberg Maria Langthaler eine Straße, ihre Tochter Anna Hackl wurde 2011 mit dem Goldenen Ehrenzeichen für Verdienste um die Republik Österreich ausgezeichnet. In Bad Ischl waren die jahrelangen Bemühungen um eine Straßenbenennung nach Resi Pesendorfer bisher erfolglos. Eine Initiative von Privat-

personen startete im Sommer 2021 eine Online-Petition für die Schaffung eines „Theresia Pesendorfer Platzes für Menschenrechte und Zivilcourage" im Kurpark.[284] Aktivist*innen überklebten zudem existierende Straßenschilder und forderten die Umbenennung nach Frauen, unter anderem nach Resi Pesendorfer.

Ein Denkmal für Frauen im Widerstand hat bislang nur die Stadt Salzburg errichtet. Das 2019 eingeweihte Memorial erweitert den Gedenkstein für die kommunistischen Widerstandskämpferin Rosa Hoffmann um eine gewölbte Fläche, auf der die Namen von 18 ermordeten Salzburgerinnen aufgelistet sind, die gegen das NS-Regime auf unterschiedliche Weise Widerstand geleistet haben.

ABB.34 Aktivist*innen in Bad Ischl fordern unter anderem die Umbenennung einer Straße oder eines Platzes nach Resi Pesendorfer, Fotomontage 2021.

Denkmal für Frauen im Widerstand in Oberösterreich

In Oberösterreich wurde jahrelang über eine Würdigung von Frauen im Widerstand im öffentlichen Raum diskutiert. Auf Initiative der SPÖ-Frauen stellte der Klub der Sozialdemokratischen Partei 2014 im oberösterreichischen Landtag den Antrag, ein Denkmal zu errichten. Historiker*innen wurden daraufhin eingeladen, die Kulturdirektion des Landes bei der Realisierung zu beraten. Trotzdem dauerte es bis Frühjahr 2021, bis schließlich ein Wettbewerb für eine „künstlerische Arbeit" ausgeschrieben wurde. Bereits zwei Jahre zuvor gab das Land das vorliegende Buch in Auftrag, das nicht zuletzt als wissenschaftliche Begleitung und Rahmung des Denkmals bzw. Kunstwerks gedacht ist.

Der Wettbewerb richtete sich ausschließlich an Künstlerinnen*, die Jury des Wettbewerbs bestand ebenfalls aus weiblichen Mitgliedern. An einem zentralen Ort in der Stadt Linz, am OK Platz, sollte stellvertretend für ganz Oberösterreich an die Handlungen und Schicksale von Widerstandskämpferinnen erinnert werden. Die Ansprüche an das Projekt waren, neben der Würdigung von Frauen und ihren Handlungen gegen das NS-Regime, vielfältig. „Ein Widerstandsdenkmal hätte die Aufgabe, dem Widerständigen, der gesellschaftlichen Kritik, dem Protest, der Verweigerung, dem Subversiven, dem Klandestinen, der Solidarisierung einen Ort zu geben, der an heutige Diskurse anknüpft", meinte die Medienwissenschafterin Angela Koch.[285]

Aus 48 Einreichungen setzte sich das Projekt „5 vor 12. Unerhörter Widerstand" der Künstlerinnen und Kulturwissenschaftlerinnen Sabrina Kern und Mariel Rodriguez durch. Der Titel „5 vor 12" spricht die Dringlichkeit von Zivilcourage, Menschenrechten und Demokratiebewusstsein – auch in der Gegenwart – an, während „Unerhörter Widerstand" auf die fehlende Wahrnehmung des Widerstands von Frauen im Nationalsozialismus verweist. Es soll außerdem daran erinnert werden, dass sich in der NS-Zeit nur eine Minderheit der Bevölkerung „unerhört" verhielt, indem sie Widerstand leistete, während der Großteil der Menschen das NS-Regime befürwortete, schwieg oder wegsah.

Das Kunstwerk bzw. Denkmal ist als akustisches Erinnerungszeichen konzipiert. Eine Skulptur stellt drei visualisierte Schallwellen dar und produziert jeden Samstag um 5 vor 12 laut und kollektiv für ca. eine Minute einen Aufschrei. Kurz vor den Zivilschutz-Sirenen ertönt ein Signal, dem der Ruf „Es ist fünf vor zwölf" folgt. Diese Aktion ist jedes Mal einer konkreten Frau gewidmet, die namentlich mit der entsprechenden Widerstandshandlung auf dem gesamten Platz hörbar genannt wird. Unter der Woche kommt derselbe Text leise aus der Skulptur, sobald Passant*innen sich dem Kunstwerk annähern. Damit ist das Denkmal interaktiv und erweiterbar. Gesprochen werden die verwendeten Texte von politischen Aktivistinnen des gegenwärtigen Oberösterreich. Vor der Aufnahme setzten sich diese in einem Workshop mit dem Widerstand von Frauen im Nationalsozialismus auseinander. Eine begleitende Website macht weitere Informationen sowie den Inhalt des vorliegenden Buches online zugänglich. Eingeweiht wurde das Denkmal im Jahr 2022.

ABB.35 Entwurf des Denkmals für Frauen im Widerstand von Sabrina Kern und Mariel Rodriguez, Linz 2021.

Anhang

Verweise

1 Hauch, Frauen, 466.
2 BGBl. Nr. 75/1938.
3 Hauch, Frauen, 481.
4 Duden, Widerstand.
5 Gugglberger, Namen, 148–149.
6 Brauneis, Widerstand, 8–9.
7 Amesberger et al., Widerstandskämpferin, 14.
8 Berger, Himmel.
9 Küchengespräche mit Rebellinnen, Dokumentarfilm, Österreich 1984, Regie: Projektgruppe Frauen im antifaschistischen Widerstand, Karin Berger, Elisabeth Holzinger, Lotte Podgornik, Lisbeth N. Trallori.
10 Botz, Widerstandsforschung.
11 Ebd., 145.
12 Ebd., 146.
13 Wickert, Frauenwiderstand.
14 Strasser, Tatsachenbericht.
15 Ebd., 19.
16 Ebd.
17 KPÖ Oberösterreich, Frauenwiderstand.
18 Nachlass (NL) Peter Kammerstätter (PK), Archiv der Stadt Linz (AStL).
19 Gugglberger, Namen; Gugglberger, Frauen; Gugglberger, „Das hätte ich nicht gekonnt: nichts tun."; Gugglberger, Versuche; Gugglberger, Widerstand; Gugglberger, Nachricht.
20 Berger, Himmel; Widerstandsmomente, Dokumentarfilm, Österreich 2019, Regie: Jo Schmeiser.
21 Gugglberger, Versuche, 331–333.
22 Rafetseder, KZ, 526.
23 Bau von Deckungsgräben für Polizeibaracken im Hühnersteig Linz 1941/6227, OÖLA, Reichsbauamt, Sch. 3/4.
24 Gugglberger, Versuche, 334.
25 Augsburger Allgemeine, Erinnerung.
26 Zit. n. Verein Lila Winkel, Geschichtsarchiv Maria Moser.
27 Gugglberger, Versuche, 341–342.
28 DÖW 4203 u. DÖW 2620, zit. nach: Gugglberger, Versuche, 319.
29 Steinmaßl, Hakenkreuz, 153.
30 Ganglmair, Widerstand, 1465; Wall, Widerstand, 14.
30a Amesberger, Schwangerschaft, 21.
31 Schepp, Pussy-Riot-Aktivistin, 71.
32 Der Standard, Demonstranten.
33 Beispielsweise: Salzig, Phänomen.
34 Kain, „Arbeit von historischer Bedeutung", zit. n. AstL, NL PK, Sch. 123.
35 Interview Maria Wagner.
36 Pesendorfer zit. n. Kammerstätter, Materialsammlung, 379.
37 Gugglberger, Versuche 327 u. 391.
38 Brief von Alois Emmer, zit. n. Gugglberger, Versuche, 336.
39 Rappersberger, Widerstandsgruppe, 32.
40 Interview Anna Königsecker, zit. nach Steinmaßl 1988, 171.
41 Ebd., 172.
42 Ebd.
43 Formblatt der Abteilung Opferfürsorge des Amts der Oö. Landesregierung, 3. 2. 1953. OÖLA, Opferfürsorge, Sch. 252, 183/1992.
44 Interview Anna Königsecker, zit. nach Steinmaßl 1988, 170–172.
45 Rappersberger, Widerstandsgruppe, 89.
46 Brief vom 27. April 1945 von Sophie Emmer, Privatarchiv Alois Emmer.
47 Ehmer, Bruno, 239.
48 Hauch, Frauen, 467.
49 Zit. n. Friedländer, Reich, 170.
50 Europäische Konvention zum Schutze der Menschenrechte und Grundfreiheiten, Art. 10.
51 Müllner, Schwarzhörer, 23–24.
52 Zit. n. Interview Hermine Stumer.
53 Zit. n. ebd.
54 KPÖ, Hermine Schleicher.
55 Urteil des Sondergerichts beim Landgericht in Linz gegen Hermine Lindorfer u. a., 24. 10. 1944. DÖW, 15.930.
56 Zit. n. ebd.
57 Protokoll der Zeugenvernehmung von Hermine Lindorfer gegen Haller am Bezirksgericht Rohrbach, 26. 8. 1948, AStL, NL PK, Sch. 12.
58 RGBl. 1934 I, § 2, 1269.
59 Ebd., 1269–1270.
60 Vernehmungsprotokoll der Karoline Hartl von der Staatspolizeistelle Linz, 26. 10. 1943, OÖLA, 2 Js 1227/43, KLS 348/43.
61 Schreiben betreffend des Abhörens ausländischer Sender durch Karoline Hartl, Leiter der SD Außenstelle Ried an den Führer des SD-Abschnittes Linz, 17. 9. 1943,. OÖLA, ebd.
62 Strafantrag der Gestapo betreffend Karoline Hartl, 25. 11. 1943, OÖLA, ebd.
63 Vernehmungsprotokoll der Karoline Hartl von der Staatspolizeistelle Linz, 26. 10. 1943, OÖLA, ebd. Schreiben betreffend die politische Beurteilung von Karoline Hartl, Gaupersonalamt an die Staatspolizeistelle Linz, 17. 11. 1943, OÖLA, ebd.
64 Urteil des Landgerichts Linz als Sondergericht in der Strafsache gegen Karoline Hartl, 11. 1. 1944, OÖLA, ebd.
65 Schreiben betreffend Opferfürsorge von Karoline Hartl, Fürsorgeabteilung der Bezirkshauptmannschaft Ried an die Abteilung Fürsorge der Oö. Landesregierung, 24. 1. 1947, OÖLA, Opferfürsorge, Sch. 2, 359/47.
66 Haftzettel der Karoline Hartl des Frauenzuchthauses Aichach, 1. 2. 1944. OÖLA, 2 Js 1227/43, KLS 348/43.
67 Schreiben betreffend den Antrag um Ausstellung einer Amtsbescheinigung nach § 4 Opferürsorgegesetz, Karoline Hartl an die Bezirkshauptmannschaft Ried i. Innkreis, 3. 7. 1946. OÖLA, Opferfürsorge, Sch. 2, 359/47.
68 Bescheid des Amts der Oö. Landesregierung Abteilung Fürsorge betreffend Karoline Hartl, 31. 1. 1947. OÖLA, ebd.
69 Zit. n. Meldungen des SD-Abschnitts Linz betreffend ausfälliges Betragen von Volksgenossen gegenüber politischen Leitern bei Überbringung von Gefallenenmeldungen, 25. 1. 1943, Bundesarchiv Koblenz, NS 6/408, 13.248 ff., zit. n. DÖW, Oberösterreich, Bd. 2, 298.
70 Zit. n. ebd.
71 Urteil des LG Linz als SG gegen Paula Uhrmann, 29. 2. 1940, DÖW, 13.502.
72 Gugglberger, Versuche, 293.
73 Schreiben betreffend die politische Beurteilung der Paula Uhrmann, NSDAP-Ortsgruppe St. Peter am Hart an das Amtsgericht Braunau am Inn, 13. 1. 1940, DÖW, 13.501, LG Linz, KMs 18/40, zit. n. DÖW, Oberösterreich, Bd. 1, 390.
74 Niederschrift, Anna Herlitz an das Bundespolizeikommissariat Wels, 26. 3. 1948, AStL, NL PK, Sch. 12.
75 Zit. n. Schreiben betreffend Maria Pötscher, Gendarmeriestationsführer von Micheldorf, Kirchdorf an die Staatspolizeistelle in Linz, 14. 2. 1939, DÖW, 16.099.
76 Zit. n. ebd.
77 Niederschrift aufgenommen beim Landrat Kirchdorf a.d. Krems über die Vorladung des Reichsbahnangestellten Franz Pay, 22. 7. 1939, DÖW, 16.099.
78 John, Zwangsarbeit, 34–35, 40, 42.
79 Vernehmungsprotokoll der Maria Pötscher von der Staatspolizeistelle Linz, 27. 2. 1939, DÖW 16.099.
80 Strafanzeige des Gend.Postens Leonfelden gegen Maria Huemer, 16. 10. 1943. DÖW, 13.581.
81 Schreiben betreffend die politische Beurteilung von Maria Huemer, Gaupersonalamt an die Staatspolizeistelle in Linz, 14. 12. 1943. DÖW, ebd.
82 Urteil des Sondergerichts beim Landgericht Linz gegen Maria Huemer, 30. 3. 1944. DÖW, ebd.

83 Interview Maria Wagner.
84 Gugglberger, Versuche, 291.
85 Interview Maria Wagner.
86 Ebd.
87 Ebd.
88 Kriegssonderstrafrechtsverordnung, RGBl. I 1939, 1455.
89 Zit. n. Urteil des Sondergerichts beim Landgericht Linz gegen Rosa Bilek, 6. 8. 1942, OÖLA, LG Linz, KMs 74/42.
90 Zit. n. ebd.
91 Haftzettel der Haftanstalt Linz betreffend Rosa Bilek, 7. 11. 1941, OÖLA, ebd.
92 Schreiben betreffend die Strafbemessung von Rosa Bilek, Reichsministers der Justiz durch den Generalstaatsanwalt in Linz an den Oberstaatsanwalt in Linz, 15. 9. 42, OÖLA, ebd.
93 Zit. n. Urteil vom Oberlandesgericht Wien gegen Katharina Kaiser, 20. 10. 1943, DÖW, 9116.
94 Zit. n. ebd.
95 Interview Paula Mitterhauser.
96 Urteil des OLG Wien gegen Paula Mitterhauser aus Losenstein wegen Wehrkraftzersetzung und Vergehens nach §92b RSTGB, 3. 1. 1945, DÖW, 10.354, OLG Wien, 7 OJs 831/44, zit. n. DÖW, Oberösterreich, Bd. 1, 221–222.
97 Zit. n. Rot-Weiß-Rot-Buch, 138.
98 Zit. n. ebd., 137.
99 Aussage der Anna Riedl aus Linz vor dem Polizeikommissariat Urfahr gegen Johann Haller betreffend Misshandlung der Hermine Lohninger während der Gestapo-Haft, 15. 3. 1948, DÖW, 14.899c, zit. n. DÖW, Oberösterreich, Bd. 2, 276–277.
100 Zit. n. DÖW, Lohninger, Bildunterschrift, DÖW Foto 45.
101 „Gesetz zum Schutze des deutschen Blutes und der deutschen Ehre“ vom 15. 9. 1935, RGBl. I, 1146–1147.
102 Zit. n. Friedländer, Dritte Reich, 170.
103 Interview Paula Mitterhauser.
104 Zit. n. ebd.
105 Urteil des OLG Wien gegen Paula Mitterhauser aus Losenstein wegen Wehrkraftzersetzung und Vergehens nach §92b RSTGB, 3. 1. 1945. DÖW, 10.354, OLG Wien, 7 OJs 831/44, zit. n. DÖW, Oberösterreich I, 221.
106 Interview Paula Mitterhauser.
107 Urteil des OLG Wien gegen Paula Mitterhauser aus Losenstein wegen Wehrkraftzersetzung und Vergehens nach §92b RSTGB, 3. 1. 1945, DÖW, 10.354, OLG Wien, 7 OJs 831/44, zit. n. DÖW, Oberösterreich, Bd. 1, 222.
108 Interview Paula Mitterhauser.
109 Ebd.
110 Ursprünglich war dies der § 4 (Verbotener Umgang mit Kriegsgefangenen) der „Verordnung zur Ergänzung der Strafvorschriften zum Schutz der Wehrkraft des Deutschen Volkes“ vom 25. 11. 1939, RGBl. I, 2319. Dieser wurde ein halbes Jahr später durch die „Verordnung über den Umgang mit Kriegsgefangenen“ vom 11. 5. 1940 ersetzt.
111 Ansuchen Johanna Pichlers um Anerkennung als Opfer im Sinne des Opferfürsorgegesetzes 1947, 28. 4. 1961, OÖLA, Opferfürsorge, Sch. 60, ZI. FOF 1962/728.
112 Haftzeitüberprüfung der Bundespolizeidirektion Linz, Staatspolizeiliche Abteilung, Linz 30. 11. 72, Opferfürsorge, 810075.
113 Wege nach Ravensbrück, Aloisia Hofinger.
114 Schreiben betreffend Anna M.s Vergehen gegen die Wehrkraftschutzverordnung, Kriegsgefangenen-Stammlager Krems-Gneixendorf (STALAG XVII B) an den Gendarmerieposten Schenkenfelden, 30. 12. 1940, DÖW, 12.414, LG Linz, 6 E Vr 322/41, zit. nach DÖW, Oberösterreich, Bd. 1, 512–513.
115 Urteil des LG Linz gegen Anna M. aus Schenkenfelden wegen Vergehens gegen die Wehrkraftschutzverordnung, 9. 5. 1941, DÖW, 12.414, LG Linz, 6 E Vr 322/41, zit. n. DÖW, Oberösterreich, Bd. 1, 514.
116 Ebd.
117 Wege nach Ravensbrück, Aloisia Hofinger.
118 Aloisia Hofinger, Eigene Gedanken zur KZ-Haft, 2006, Privatarchiv Elfriede Schober.
119 Wege nach Ravensbrück, Aloisia Hofinger.
120 Ravensbrückerinnen, Häftlingskategorien.
121 Zit. n. Aloisia Hofinger, Eigene Gedanken zur KZ-Haft, 2006, 5, Privatarchiv Elfriede Schober.
122 Zit. n. ebd, 7.
123 Zit. n. ebd., 12.
123a Unveröffentlichte Manuskripte für das Rot-Weiß-Rot-Buch, Bericht des Gendarmerieposten St. Peter a/Wbg. an den Sicherheitsdirektor für das Mühlviertel, 22. 4. 1946, DÖW, 8357.
124 Zit. n. Ansuchen um Anerkennung als ehemaliger politischer Häftling, Elisabeth B. an das Amt der Oö. Landesregierung, 29. 6. 1960, OÖLA, Opferfürsorge, Sch. 338, Zl. SO 810157.
125 Zit. n. ebd.
126 Bescheid über den Antrag um Gewährung einer Haftentschädigung, Amt der Oö. Landesregierung an Elisabeth B., 19. 7. 1960. OÖLA, ebd.
127 Mündliche Erzählung von Theresia Pfarrwallner, übermittelt per e-Mail von Ernst Dürr an A. W. am 18. 6. 2020.
128 Zit. n. Vernehmungsprotokoll des Kriminalsekretärs Alois Hochedlinger mit Pauline Ritter, 10. 11. 1940,. DÖW, 13.284.
129 Zit. n. Ermittlungsbericht der Gestapo Linz betreffend die Familie Ritter, 11. 11. 1940, DÖW, 13.284.
130 Zit. n. Urteil des Landgerichts Linz gegen Pauline Ritter, 11. 12. 1940, DÖW, 13.284.
131 Vernehmungsprotokoll des Kriminalsekretärs Alois Hochedlinger mit Margarethe Smolan, 18. 12. 1940. DÖW, 19.291/32.
132 Zit. n. ebd.
133 Zit. n. Urteil des LG Linz gegen Margarethe Smolan aus Linz, 19. 2. 1941, DÖW, 19291/32, LG Linz, 6 E Vr 120/41.
134 Gansinger, Estermann.
135 Zit. n. Anklageschrift des Oberreichsanwalts beim VGH gegen Franz Heger u. a., ohne Datum, DÖW, 14.506, zit. nach Ganglmair, Widerstand, 1457.
136 Gansinger, Estermann.
137 Hasenjagd. Vor lauter Feigheit gibt es kein Erbarmen, Spielfilm, Österreich 1994, Regie: Andreas Gruber.
138 Kirchmayr, Menschen, 271–280.
139 Interview Gertrude Pfatschbacher, zit. n. Kirchmayr, Menschen, 280.
140 Die „Verordnung zur Ergänzung der Kriegswirtschaftsverordnung“ (RGBl. I 1942, 147–148) ergänzte die „Kriegswirtschaftsverordnung“ vom 4. 9. 1939 (RGBl. I, 1609); zit. n. DÖW, Oberösterreich, Bd. 1, 362–363.
141 Kriegswirtschaftsverordnung, RGBl. I, 1609.
142 Anklageschrift gegen Karl, Kasteneder, Leherbauer, Lang und Breitwieser, Oberstaatsanwalt als Leiter der Anklagebehörde beim Sondergericht an Vorsitzer des Sondergerichts, 30. 10. 1944, OÖLA, KLs 179/44, 1 Js 876/44.
143 Gnadengesuch Franziska Karl, RA Zwirchmayr an Oberstaatsanwalt bei Landesgericht, 21. 2. 1945, OÖLA, KLs 179/44, 1 Js 876/44.
144 Ansuchen um Ausstellung eines Opferausweises, Pauline Uttenthaler an das Amt der Oö. Landesregierung, 29. 12. 1953, OÖLA, Opferfürsorge, Sch. 27, 41/1945.
145 Anklageschrift des Oberstaatsanwalts an den Vorsitzer des Sondergerichts in Linz gegen Pauline Uttenthaler, 7. 10. 1943, OÖLA, 1Js 1039/43, KLs 289/43.
146 Ansuchen um Strafaufschub von Pauline Uttenthaler, 17. 1. 1945. OÖLA, 1Js 1039/43, KLs 289/43.
147 Ansuchen um Ausstellung eines Opferausweises, Pauline Uttenthaler an das Amt der

Oö. Landesregierung, 29. 12. 1953. OÖLA, Opferfürsorge, Sch. 27, 41/45.
148 Zit. n. Neugebauer, Widerstand-Überblicksbeitrag, 33.
149 Bailer-Galanda, Frauen, 17, zit. n. Gugglberger, Versuche, 287.
150 Amesberger et al., Widerstandskämpferin, 194–195.
151 Ebd., 198–199.
152 Siehe z. B.: ebd., 19.
153 Ehmer, Bruno, 234.
154 Zit. n. Gugglberger, Versuche, 328.
155 Zit. n. Ehmer, Bruno, 237.
156 Zit.n. ebd., 239.
157 Interviews liegen von Peter Kammerstätter, Karin Berger und Elisabeth Reichart vor.
158 Interview Cäcilia (Zilli) Fischill.
159 Korotin, P–Z, 3026–3027.
160 Ebd., 3027.
161 Zweitbücher des Standesamts Steyr, Stadtarchiv Steyr, Sterbebuch 1942, Eintrag 52.
162 Interview Franz Stamberg.
163 Korotin, P–Z, 3027; Ärztlicher Sterbeschein Herta Schweigers, 7. 8. 1942, AStL: Totenbeschauscheine Gesundheitsamt 1903–1950, Sterbefälle 1942.
164 SPÖ Bezirksorganisation Steyr, Widerstand, 3, 10.
165 Zit. n. Urteil des OLG Wien gegen Margarethe Müller, 3. 2. 1944, AStL, NL PK, Sch. 15, OLG Wien 7 0Js 502/43; Anklageschrift des Generalstaatsanwalts gegen Margarethe Müller, 18. 9. 1943, AStL, NL PK, Sch. 22, OLG Wien OJs 502/43.
166 Interview Margit Kain; Hackl, Tschofenigweg, 162 u. 168.
167 Interview Margit Kain; Hackl, Tschofenigweg, 163 u. 175.
168 Ganglmair, Widerstand, 1443.
169 Gugglberger, Versuche, 317, Fußnote 121.
170 Zit. n. Anklageschrift des Oberreichsanwalts beim Volksgerichtshof gegen Aloisia Höglinger u. a., 21. 12. 1944, AStL, NL PK, Sch. 15, zit. n. DÖW, Oberösterreich, Bd. 1, 240–241.
171 Ganglmair, Widerstand, 1447.
172 Kammerstätter, Materialsammlung, 7–8.
173 Anklageschrift des Oberreichsanwalts beim Volksgerichtshof gegen Aloisia Höglinger u. a., 21. 12. 1944, AStL, NL PK, Sch. 15, zit. n. DÖW, Oberösterreich, Bd. 1, 240–241; Niederschrift der Vorladung Ludwig Telfners beim Amt der Tiroler Landesregierung, 30. 3. 1949, OÖLA Opferfürsorge, Sch. 282, Zl. OF-810015.
174 Gugglberger, Versuche, 317.
175 Zit. n. Oberdonauzeitung, 5. 3. 1945, 2.
176 Schreiben, Buchacher an das Magistrat Linz, 27. 6. 1946, Opferfürsorge, Sch. 282, Zl. OF-810015.
177 Zit.n. Kammerstätter, Materialsammlung, 340.
178 Zit. n. ebd., 17; Angerer/Ecker, Nationalsozialismus, 316.
179 Kammerstätter, Materialsammlung, 325–326.
180 Ebd., 392.
181 Ebd.
182 Zit. n. Feldhammer/Egger, Gefahr, 106.
183 Zit. n. ebd., 110.
184 Kammerstätter, Materialsammlung, 269–271.
185 DÖW, Oberösterreich, Bd. 1, 1982, 21 ff.
186 Kanzler et al., Revertera.
187 Rot-Weiß-Rot-Buch, 23.
188 Telefonat mit Dominik Revertera, geführt von A. W., 19. 5. 2021; siehe auch: Kanzler et al., Revertera.
189 Rappersberger, Widerstandsgruppe, 18, 23, 56–57.
190 Ebd., 78–79.
191 Ebd., 18, 24, 29, 31.
192 Ebd., 45–47.
193 Ebd., 51–52.
194 Gugglberger, Versuche, 320–321.
195 Rappersberger, Widerstandsgruppe, 197.
196 Aufnahmemitteilung betreffend Maria Hermentin, Haftanstalt Wels an die Kriminalpolizeistelle Wels, 14. 12. 1944. OÖLA, SD, Sch. 105, ZI. 923/45.
197 Niederschrift der Aussage Maria Hermentins vor dem Gendarmeriepostenkommando Freistadt, 9. 1. 1948, zit. n. Steinmaßl, Hakenkreuz, 163–164.
198 Zit. N. ebd., 164.
199 Maria Hermentin, zit. n. Rappersberger, Widerstandsgruppe, 94; Hervorhebungen im Original.
200 Niederschrift der Aussage Theresia Schüssleders im Protokoll der Hauptverhandlung gegen Johann Haller, 28. 2. 1949, DÖW, 14899/e, 13.
201 Handschriftliche Notiz Maria Hermentins auf einem Zeitungsartikel mit dem Titel „Freistädter Frauentragödie“, DÖW, 11561.
202 Urteil des VGH gegen Johann Freudenthaler und andere aus dem Bezirk Freistadt wegen Vorbereitung zum Hochverrat, 27. 2. 1945 zit. n. Rappersberger, Widerstandsgruppe, 73–74; DÖW 354.
203 Rappersberger, Widerstandsgruppe, 61.
204 Ebd., 68, 89.
205 Ebd., 88.
206 Ebd., 68, 89.
207 Ebd., 57–58, 72, 85–86.
208 Bedingte Begnadigung Johann Hallers der Strafanstaltsdirektion Garsten, 22. 4. 1955, DÖW, 14899/f.
209 Zit. n. DÖW, Oberösterreich, Bd. 2, 180.
210 DÖW, Oberösterreich, Bd. 2, 180, 25; Zinnhobler, Kirche, 979.
211 Hanisch, Politik, 151.
212 Dohle, Schule, 918; Zinnhobler, Kirche, 990–996; GBlÖ. Nr. 121/1939, Gesetz über die Maßnahmen auf dem Gebiete des Schulwesens in Österreich (ausgegeben am 01. 02. 1939).
213 GBlÖ. Nr. 121/1939, Gesetz über die Maßnahmen auf dem Gebiete des Schulwesens in Österreich (ausgegeben am 01. 02. 1939).
214 Schreiben des Bürgermeisters von Diersbach an die NSDAP-Kreisleitung von Schärding, 30. 3. 1942, OÖLA, Politische Akten, Sch. 68, zit. n. Slapnicka, Oberösterreich 1933, 918.
215 Täglicher Inlandslagebericht des Inspekteurs der Sicherheitspolizei und des SD in Wien, Jänner 1940, zit. n. DÖW, Oberösterreich, Bd. 2, 180–181.
216 Niederschrift der Zeugenaussage von Josef Bauer et al. am Gemeindeamt Schardenberg gegen Emma Schmidt, 8. 3. 1940, DÖW, 14698.
217 Täglicher Inlandslagebericht des Inspekteurs der Sicherheitspolizei und des SD in Wien, Jänner 1940, zit. n. DÖW, Oberösterreich, Bd. 2, 180–181.
218 Schreiben zur Entscheidung des Reichstatthalters betreffend Margarete Rametsteiner, Landrat Perg an Rametsteiner, 10. 6. 1941, zit. n. DÖW, Oberösterreich, Bd. 2, 186–187.
219 Lagebericht Grünburg, Gendarmerieposten Grünburg an den Landrat in Kirchdorf an der Krems, 24. 11. 1939. OÖLA, Politische Akten, Sch. 13, zit. n. DÖW, Oberösterreich, Bd. 2, 185–186.
220 Vgl. Jakli, Verfolgung, 359.
221 Ebd., 360, insb. FN 118.
222 Malle, Jehovas, 416.
223 Jakli/Kohlhofer, Jehovas, 362.
224 Aussage des Ernst Bojanowski vor der Gestapo Wien betreffend seine Verbindungen mit Anni Stadtegger aus Wels, 1940, LG Wien, SHv 207/47, zit. n. DÖW, Oberösterreich, Bd. 2, 204–205.
225 DÖW 50104/822.
226 Urteil des LG Linz gegen Egmund Andreas Stadtegger aus Wels und andere wegen Wehrkraftzersetzung, 4. 12. 1940, LG Linz, 6 Vr 866/40, zit. n. DÖW, Oberösterreich, Bd. 2, 206–208.
227 Winklmaier, Roidmaier.

228 Maria Moser, Erinnerungsbericht aus dem Jahr 1946, zit. n. Verein Lila Winkel, Moser.
229 Verein Lila Winkel, Mattischek.
230 DÖW, Mattischek.
231 Schreiben des Oberstaatsanwaltes beim LG Linz an den Generalstaatsanwalt beim OLG Linz betreffend Strafsache gegen Wolfgang Mattischek, 18. 8. 1939. DÖW, Oberösterreich, Bd. 2, 202.
232 Bescheid der Oö. Landesregierung über Haftentschädigung für Theresia Mattischek, 27. 1. 1947, OÖLA, Opferfürsorge, Sch. 45, ZI. 104/60.
233 Protokoll, aufgenommen beim Bezirksfürsorgeamt Kirchdorf an der Krems mit Alois Mollnhuber betreffend KZ-Aufenthalte und Tod seiner Gattin Anna, 25. 1. 1947, zit. n. DÖW, Oberösterreich, Bd. 2, 210.
234 Neugebauer, Widerstand, 211.
235 Moser, Juden, 126.
236 Ebd.
237 Hauch, Frauen. 480.
238 Neugebauer, Widerstand, 211; Moser, Juden, 125–132.
239 Gedenkstätte Deutscher Widerstand, Sinti und Roma; Schoppmann, Maskierung, 81.
240 Hördler et al., Zwangsarbeit, 120.
241 John, Nationalsozialismus, 1376.
242 Ebd., 1402.
243 Kalss, Hauer-Frischmuth.
244 Yad Vashem, Schatz; siehe auch: Sonderausstellung, Die Gerechten.
245 Hauch, Zwangsarbeiterinnen, 385.
246 Ebd., 388–399.
247 Niza Ganor, „Wer bist du Anuschka? Die Überlebensgeschichte eines jüdischen Mädchens“ (München 1987). Ida Löws Erinnerungen bilden die Grundlage der „Geschichte der Eva Korngold. Nach Aufzeichnungen von Ida Löw“ von Meyer Levin (München 1991).
248 Winter, Leben, 28–35.
249 Neugebauer, Widerstand, 216–217.
250 Gedenkstätte Deutscher Widerstand, Sinti und Roma.
251 Filip, Frauen, 137–144.
252 Neugebauer, Widerstand-Überblicksbeitrag, 34–35.
253 Schindel-Nürnberger, Frieden, 157.
254 Bailer, Tatort, 397.
255 Schindel-Nürnberger, Frieden, 159.
256 Schindel, Widerstand, 246–248.
257 Cazan-Simányi, Schindel.
258 Berner, Zitrone, 23.
259 Schindel, Robert zit. n. Pumberger, Arisierung, 129.
260 Cazan-Simányi, Schindel.
261 Hauch, Zwangsarbeiterinnen, 378–381.
262 Hördler et al., Zwangsarbeit, 120.
263 Neugebauer, Widerstand – Überblicksbeitrag, 6.
264 Schwanninger, Erinnern, 178.
265 Ebd., 177–178.
266 Siehe: SPÖ Bezirksorganisation Steyr, Widerstand.
267 Gruber, Hasenjagd.
268 Regnum, „Graschdanke Avstrii“.
269 Neugebauer, Geschichte, 2.
270 DÖW, 709, JZ-Ö/Ga (Jehovas Zeugen Österreich/Geschichtsarchiv) 390.
271 Aufhebungs- und Rehabilitationsgestz vom 21. 10. 2009, BGBl. I Nr. 110/2009.
272 Personenkomitee „Gerechtigkeit für die Opfer der NS-Militärjustiz“, Denkmal.
273 Bundesgesetz vom 4. 7. 1947 über die Fürsorge für die Opfer des Kampfes um ein freies, demokratisches Österreich und die Opfer politischer Verfolgung (Opferfürsorgegesetz), siehe: BGBl. I Nr. 183/1947.
274 Zit. n. Verschlimmerungsantrag d. Gesundheitszustandes, Buchacher an Landesregierung Linz, Opferfürsorge, 16. 5. 1957, OÖLA, Opferfürsorge, Sch. 282, Zl. OF-810015, 212.
275 Schreiben Buchacher an BP Schärf, 16. 5. 1962, OÖLA, Opferfürsorge, Sch. 282, Zl. OF-810015, 291–292.
276 Interview Ehmer.
277 Interview Josef Ehmer.
278 Berger, Himmel.
279 Brigitte, Nr. 18, 1985, Österreich-Magazin, 2.
280 Mündliche Erzählung von Theresia Pfarrwallner, übermittelt per e-Mail von Ernst Dürr an A. W. am 18. 6. 2020.
281 Wege nach Ravensbrück.
282 Sonderausstellung, Die Gerechten, Tafel: „Wir haben doch nichts getan ...“.
283 Amesberger et al., Widerstandskämpferin.
284 Petition für einen Theresia Pesendorfer Platz in Bad Ischl: www.resi-pesendorfer.at/petition (15. 9. 2021).
285 Podiumsdiskussion zur Errichtung eines Denkmals für Frauen im Widerstand gegen das NS-Regime, Kunstuniversität Linz, 5. 10. 2021.

Literatur

Helga Amesberger/Brigitte Halbmayr/Simon Clemens, Meine Mama war Widerstandskämpferin. Netzwerke des Widerstands und dessen Bedeutung für die nächste Generation, Wien 2019.

Helga Amesberger, Schwangerschaft und Mutterschaft während der Verfolgung, in: Andreas Baumgartner/Ingrid Bauz/Jean-Marie Winkler (Hg.), Zwischen Mutterkreuz und Gaskammer, Wien 2008, 21–26.

Christian Angerer/Maria Ecker, Nationalsozialismus in Oberösterreich. Opfer – Täter – Gegner, Innsbruck/Wien 2014.

Brigitte Bailer-Galanda, Zur Rolle der Frauen im Widerstand oder im Dunkeln sieht man nicht, in: Dokumentationsarchiv des österreichischen Widerstandes (Hg.), Jahrbuch 1990, Wien 1990, 13–22.

Brigitte Bailer, Tatort Frankreich. Widerstand von ÖstereicherInnen und ein „Experte" der Gestapoleitstelle Wien, in: Lucile Dreidemy/Richard Hufschmied/Agnes Meisinger/Berthold Molden/Eugen Pfister/Katharina Prager/Elisabeth Röhrlich/Florian Wenninger/Maria Wirth (Hg.), Bananen, Cola, Zeitgeschichte. Oliver Rathkolb und das lange 20. Jahrhundert, Bd. 1, Wien/Köln/Weimar 2015, 397–406.

Wolfgang Benz, Die 101 wichtigsten Fragen. Das Dritte Reich, München 2006.

Karin Berger (Hg.), Der Himmel ist blau. Kann sein. Frauen im Widerstand. Österreich 1938–1945, Wien 1985.

Maria Berner, „Ja, wo nehmen wir eine Zitrone her?", in: Helga Amesberger/Brigitte Halbmayr (Hg.), Vom Leben und Überleben – Wege nach Ravensbrück. Das Frauenkonzentrationslager in der Erinnerung, Bd. 2, Wien 2001, 20–26.

Gerhard Botz, Methoden- und Theorieprobleme der historischen Widerstandsforschung, in: Helmut Konrad/Wolfgang Neugebauer (Hg.), Arbeiterbewegung – Faschismus – Nationalbewusstsein. Festschrift zum 20jährigen Bestand des Dokumentationsarchivs des österreichischen Widerstandes und zum 60. Geburtstag von Herbert Steiner, Wien/München/Zürich 1983, 137–151.

Inge Brauneis, Widerstand von Frauen in Österreich gegen den Nationalsozialismus 1938–1945, phil. Diss., Universität Wien 1974.

Oskar Dohle, Schule im Linz der NS-Zeit, in: Fritz Mayrhofer/Walter Schuster (Hg.), Nationalsozialismus in Linz, Bd. 2, Linz 2001, 907–936.

Dokumentationsarchiv des österreichischen Widerstandes (Hg.), Widerstand und Verfolgung in Oberösterreich 1934–1945. Eine Dokumentation, 2 Bde., Wien/Linz 1982.

Maria Ehmer, Lieber Bruno, sei tapfer, ich bin verhaftet, in: Karin Berger/Elisabeth Holzinger/Lotte Podgornik/Lisbeth N. Trallori (Hg.), Der Himmel ist blau. Kann sein. Frauen im Widerstand. Österreich 1938–1945, Wien 1985, 230–239.

Marianne Feldhammer/Helene Egger, Schlau wirst schon, wennst in Gefahr bist, in: Karin Berger/Elisabeth Holzinger/Lotte Podgornik/Lisbeth N. Trallori (Hg.), Der Himmel ist blau. Kann sein. Frauen im Widerstand. Österreich 1938–1945, Wien 1985, 104–113.

Irene Filip, Frauen bei den Internationalen Brigaden im Spanischen Bürgerkrieg, in: Dokumentationsarchiv des österreichischen Widerstandes (Hg.), Jahrbuch 2009. Schwerpunkt Bewaffneter Widerstand – Widerstand im Militär, Wien 2009, 137–144.

Florian Freund/Betrand Perz, Zwangsarbeit in Österreich, in: Emmerich Tálos/Ernst Hanisch/Wolfgang Neugebauer/Reinhard Sieder (Hg.), NS-Herrschaft in Österreich. Ein Handbuch, Wien 2001, 644–695

Florian Freund/Gerhard Baumgartner/Harald Greifeneder, Vermögensentzug, Restitution und Entschädigung der Roma und Sinti, Wien/München 2004.

Saul Friedländer, Das Dritte Reich und die Juden. Bd. 1: Die Jahre der Verfolgung 1933–1939, München 1998.

Siegwald Ganglmair, Widerstand und Verfolgung in Linz in der NS-Zeit, in: Fritz Mayrhofer/Walter Schuster (Hg.), Nationalsozialismus in Linz, Bd. 2, Linz 2001, 1407–1466.

Winfried R. Garscha/Claudia Kuretsidis-Haider, „Politische Verfolgung". Zur Historiographie der Kategorisierung der Opfergruppen, in: Dokumentationsarchiv des österreichischen Widerstandes (Hg.), Jahrbuch 2013. Opferschicksale. Widerstand und Verfolgung im Nationalsozialismus. 50 Jahre Dokumentationsarchiv des österreichischen Widerstandes, Wien 2013, 125–136.

Robert Gellately, Hingeschaut und weggesehen. Hitler und sein Volk, Stuttgart/München 2004.

Martina Gugglberger, „... und hat mir eine Nachricht zukommen lassen ..." – Frauen im Widerstand, in: Ralph Gabriel/Elissa Mailänder-Koslov/Monika Neuhofer/Else Rieger (Hg.), Lagersystem und Repräsentation. Interdisziplinäre Studien zur Geschichte der Konzentrationslager (Studien zum Nationalsozialismus in der Edition Diskord 10), Tübingen 2004, 172–182.

Martina Gugglberger, „Versuche, anständig zu bleiben" – Widerstand und Verfolgung von Frauen im Reichsgau Oberdonau, in: Gabriella Hauch (Hg.), Frauen im Reichsgau Oberdonau. Geschlechtsspezifische Bruchlinien im Nationalsozialismus (Oberösterreich in der Zeit des Nationalsozialismus 5), Linz 2006, 281–344.

Martina Gugglberger, Widerstand und Verfolgung von Frauen im NS- Reichsgau Oberdonau, in: Helmut Kramer/Karin Liebhart/Friedrich Stadler (Hg.), Österreichische Nation – Kultur – Exil und Widerstand. In memoriam Felix Kreissler (Emigration – Exil – Kontinuität 6), Wien 2006, 197–205.

Martina Gugglberger, „Das hätte ich nicht gekonnt: nichts tun." Widerstand und Verfolgung von Frauen am Beispiel des Reichsgaues Oberdonau, in: Johanna Gehmacher/Gabriella Hauch (Hg.), Frauen- und Geschlechtergeschichte des Nationalsozialismus. Fragestellungen, Perspektiven, neue Forschungen (Querschnitte 23), Innsbruck/Wien/Bozen 2007, 152–168.

Martina Gugglberger, Ohne Frauen wäre Widerstand unmöglich gewesen. Widerstand und Verfolgung von Frauen im Reichsgau Oberdonau, in: Andreas Baumgartner/Ingrid Bauz/Jean-Marie Winkler (Hg.), Zwischen Mutterkreuz und Gaskammer. Täterinnen und Mitläuferinnen oder Widerstand und Verfolgung? Beiträge zum internationalen Symposium „Frauen im KZ-Mauthausen" am 4. Mai 2006, Wien 2008, 59–70.

Martina Gugglberger, Weibliche Namen des Widerstands im „Reichsgau Oberdonau", in: Christine Kanzler/Ilse Korotin/Karin Nusko (Hg.), „... den Vormarsch dieses Regimes einen Millimeter aufgehalten zu haben ...". Österreichische Frauen im Widerstand gegen den Nationalsozialismus (BiografiA 14), Wien 2015, 148–169.

Gerald Hacke: Die Zeugen Jehovas im Dritten Reich und in der DDR. Feindbild und Verfolgungspraxis, Göttingen 2011.

Erich Hackl, Tschofenigweg. Legende dazu, in: Alfred Pittertschatscher (Hg.), Linz. Randgeschichten, Wien 2009, 157–202.

Ernst Hanisch, Die Politik und die Landwirtschaft, in: Franz Ledermüller (Hg.), Geschichte der österreichischen Land- und Forstwirtschaft im 20. Jahrhundert, Bd. 1, Wien 2002, 15–190.

Gabriella Hauch, Zwangsarbeiterinnen und ihre Kinder. Zum Geschlecht der Zwangsarbeit, in: Oliver Rathkolb (Hg.), NS-Zwangsarbeit: Der Standort Linz der Reichswerke Hermann Göring AG Berlin, 1938–1945, Bd. 1, Köln/Wien 2001, 355–448.

Gabriella Hauch, Frauen.Leben.Linz. Eine Frauen- und Geschlechtergeschichte im 19. und 20. Jahrhundert (Historisches Jahrbuch der Stadt Linz 2013), Linz 2013.

Stefan Hördler/Volkhard Knigge/Rikola-Gunnar Lüttgenau/Jens-Christian Wagner, Zwangsarbeit im Nationalsozialismus. Begleitband zur Ausstellung, Göttingen 2016.

Timon Jakli/Reinhard Kohlhofer, Jehovas Zeugen in Österreich, in: Gerhard Besier/Katarzyna Stoklosa (Hg.), Jehovas Zeugen in Europa. Geschichte und Gegenwart, Bd. 3, Berlin 2018, 343–378.

Timon Jakli, die Verfolgung der Zeugen Jehovas in Österreich 1933–1945, in: zeitgeschichte 6 (42. Jhg.) 2015, 347–367.

Michael John, „Bereits heute schon ganz judenfrei ...“ Die jüdische Bevölkerung von Linz und der Nationalsozialismus, in: Fritz Mayrhofer/Walter Schuster (Hg.), Nationalsozialismus in Linz, Bd. 2., Linz 2001, 1311–1406.

Michael John, Zwangsarbeit und NS-Industriepolitik am Standort Linz, in: Oliver Rathkolb (Hg.), NS-Zwangsarbeit: Der Standort Linz der Reichswerke Hermann Göring AG Berlin, 1938–1945, Bd. 1, Wien/Köln/Weimar 2001, 23–146.

Helmut Kalss, Edith Hauer-Frischmuth. Eine ruhmlose Heldin, in: Raimund Bahr (Hg.), Für Führer und Vaterland. Das Salzkammergut von 1938–1945, 88–130.

Peter Kammerstätter, Materialsammlung über die Widerstands- und Partisanenbewegung Willy-Fred. Freiheitsbewegung im Oberen Salzkammergut – Ausseerland 1943–1945. Ein Beitrag zur Erforschung dieser Bewegung, Linz 1978.

Peter Kammerstätter, Resi Pesendorfer zum 80. Geburtstag, Linz 1982.

Heinz Oliver Karbus, Resi Pesendorfer. ... dass man nicht ganz umsonst auf der Welt ist, Bad Ischl 2021.

Birgit Kirchmayr, „Ich hab' einen Menschen nicht nach seiner Rasse beurteilt...“ Eine Lebens- und Liebesgeschichte aus dem nationalsozialistischen Linz, in: Gabriella Hauch (Hg.), Frauen im Reichsgau Oberdonau. Geschlechtsspezifische Bruchlinien im Nationalsozialismus (Oberösterreich in der Zeit des Nationalsozialismus 5), Linz 2006, 271–280.

Ilse Korotin, biografiA. Lexikon österreichischer Frauen, Bd. 3: P–Z, Wien/München 2016, 2439–3666.

Gerti Malle, Jehovas Zeugen in Österreich. Die Verfolgungsgeschichte einer religiösen Minderheit, in: Gerhard Besier/Katarzyna Stoklosa (Hg.), Jehovas Zeugen in Europa. Geschichte und Gegenwart, Bd. 3, Berlin 2018, 379–448.

Jonny Moser, Österreichische Juden und Jüdinnen im Widerstand gegen das NS-Regime, in: Stefan Karner/Karl Duffek (Hg.), Widerstand in Österreich 1938–1945. Die Beiträge der Parlaments-Enquete, Graz/Wien 2007, 125–132.

Christian Müllner, Schwarzhörer und Denunzianten. Vergehen nach §§ 1 und 2 der Verordnung über außerordentliche Rundfunkmaßnahmen vor dem Sondergericht Wien, phil. Diss., Universität Wien 2011.

Wolfgang Neugebauer, Der NS-Terrorapparat, in: Emmerich Tálos/Ernst Hanisch/Wolfgang Neugebauer/Reinhard Sieder (Hg.), NS-Herrschaft in Österreich. Ein Handbuch, Wien 2001, 721–744.

Wolfgang Neugebauer, Der österreichische Widerstand 1938–1945, Wien 2015.

Klaus Pumberger, Worüber wir nicht geredet haben. Arisierung, Verdrängung, Widerstand. Ein Haus und die Geschichte zweier Familien, Innsbruck 2015.

Hermann Rafetseder, Das „KZ der Linzer Gestapo“, in: Walter Schuster/Maximilian Schimböck/Anneliese Schweiger (Hg.), Stadtarchiv und Stadtgeschichten. Forschungen und Innovationen. Festschrift für Fritz Mayrhofer zur Vollendung seines 60. Lebensjahrs, Linz 2004.

Othmar Rappersberger, Die Widerstandsgruppe „Neues freies Österreich“ in Freistadt 1944/45 und ihr Schicksal, in: Freistädter Geschichtsblätter 11 (1997), Das Schicksalsjahr 1945 in Freistadt, 2. Teil, 5–157.

Rot-Weiß-Rot-Buch. Gerechtigkeit für Österreich! Darstellungen, Dokumente und Nachweise zur Vorgeschichte und Geschichte der Okkupation Österreichs, Wien 1946.

Gerti Schindel-Nürnberger, Für den Frieden kämpfen ist das Wichtigste, in: Traude Litzka (Hg.), Treffpunkt Maimonides Zentrum, Wien/Köln/Weimar 2006, 151–162.

Gerti Schindel, Widerstand gegen den Nationalsozialismus in Österreich 1938–1945, in: Dokumentationsarchiv des österreichischen Widerstandes/Institut für Wissenschaft und Kunst (Hg.), Erzählte Geschichte. Berichte von Widerstandskämpfern und Verfolgten, Bd. 1, Arbeiterbewegung, Wien/München 1985, 246–248.

Gerti Schindel-Nürnberger, Für den Frieden kämpfen ist das Wichtigste, in: Traude Litzka (Hg.), Treffpunkt Maimonides Zentrum, Wien/Köln/Weimar 2006, 151–162.

Claudia Schoppmann, Zeit der Maskierung. Zur Situation lesbischer Frauen im Nationalsozialismus, in: Burkhard Jellonnek/Rüdiger Lautmann (Hg.), Nationalsozialistischer Terror gegen Homosexuelle. Verdrängt und ungesühnt, Paderborn/München/Wien/Zürich 2002, 71–82.

Harry Slapnicka, Oberösterreich zwischen 1933 und 1945, in: Dokumentationsarchiv des österreichischen Widerstandes (Hg.), Widerstand und Verfolgung in Oberösterreich 1934–1945. Eine Dokumentation, Bd. 1, Wien/Linz 1982, 21–32.

Harry Slapnicka, Oberösterreich – als es „Oberdonau“ hieß (1938–1945) (Beiträge zur Zeitgeschichte Oberösterreichs 5), Linz 1978.

SPÖ Bezirksorganisation Steyr: Widerstand. Wie kamen die Straßen im Münichholz zu ihren Namen?, o. O. 2019.

Franz Steinmaßl, Das Hakenkreuz im Hügelland. Nationalsozialismus, Widerstand und Verfolgung im Bezirk Freistadt 1938–1945, Grünbach 1988.

Anna Strasser, Tatsachenbericht, St. Valentin 1982.

Otto Tremel, Rot-Kreuz-Schwester im Widerstand, in: KPÖ-Oberösterreich (Hg.), Ihre Handlungen sichtbar machen ... Kommunistische Frauen im Widerstand gegen den Faschismus. Eine Dokumentation der KPÖ-Oberösterreich, Linz 2006, 28.

Jens-Christian Wagner, Zwangsarbeit im Nationalsozialismus – Ein Überblick, in: Stefan Hördler/Volkhard Knigge/Rikola-Gunnar Lüttgenau/Jens-Christian Wagner (Hg.), Zwangsarbeit im Nationalsozialismus. Begleitband zur Ausstellung, Göttingen 2016, 180–193.

Erika Weinzierl, Zu wenig Gerechte. Österreicher und Judenverfolgung 1938–1945, Wien 1997.

Christl Wickert, Frauenwiderstand und Dissens im Kriegsalltag, in: Peter Steinbach (Hg.), Widerstand gegen den Nationalsozialismus, Berlin 1994, 411–425.

Rosa Winter, Wie es so war unser Leben, in: Ludwig Laher (Hg.), Uns hat es nicht geben sollen. Drei Generationen Sinti-Frauen erzählen, 2008, 23–52.

Stefan Wolfinger, Das KZ-Außenlager St. Valentin, Wien 2009.

Rudolf Zinnhobler, Kirche und Nationalsozialismus in der Gauhauptstadt Linz, in: Fritz Mayrhofer/Walter Schuster (Hg.), Nationalsozialismus in Linz, Bd. 2, Linz 2001, 937–1024.

Internetquellen

Augsburger Allgemeine, Erinnerungen an „vergessene Schicksale", 17.10.2019, www.augsburger-allgemeine.de/friedberg/Zeitgeschichte-Erinnerung-an-vergessene-Schicksale-id55731121.html (3. 5. 2021).

Aufhebungs- und Rehabilitationsgestz vom 21. 10. 2009, BGBl. I Nr. 110/2009, www.ris.bka.gv.at/eli/bgbl/I/2009/110 (24. 6. 2021).

Bundesgesetzblatt für den Bundesstaat Österreich Nr. 75, 13. 3. 1938, Bundesverfassungsgesetz über die Wiedervereinigung Österreichs mit dem Deutschen Reich, alex.onb.ac.at/cgi-content/alex?aid=bgl&datum=1938&page=269&size=45 (3. 5. 2021).

Bundesgesetzblatt für die Republik Österreich Nr. 183, 1. 9. 1947, Bundesgesetz: Opferfürsorgegesetz, www.ris.bka.gv.at/Dokumente/BgblPdf/1947_183_0/1947_183_0.pdf (3. 5. 2021).

Ildikó Cazan-Simányi, Gerti Schindel (1913–2008), Österreichische Lagergemeinschaft Ravensbrück, www.ravensbrueck.at/die-lagergemeinschaft/portraits/gerti-schindel/ (12. 6. 2020).

Der Standard, Russische Demonstranten dürfen ihre Kinder behalten – vorerst, 3. 9. 2019, www.derstandard.de/story/2000108164906/russland-nimmt-kreml-kritikerin-fest-laesst-demonstranten-aber-ihr-sorgerecht (1. 10. 2020).

Dokumentationszentrum des österreichischen Widerstandes, „Spontaner" Antisemitismus. Die Verfolgung der österreichischen Juden, www.doew.at/erkennen/ausstellung/1938/die-verfolgung-der-oesterreichischen-juden/spontaner-antisemitismus (3. 5. 2021).

Dokumentationszentrum des österreichischen Widerstandes, Hermine Lohninger, www.doew.at/personesuche?gestapo=on&findall=&lang=de&shoah=on&politisch=on&spiegelgrund=on&firstname=hermine&lastname=lohninger&birthdate=&birthdate_to=&birthplace=&residence=&newsearch=10&iSortCol_0=1&sSortDir_0=asc&lang=de&suchen=Suchen# (3. 5. 2021).

Dokumentationszentrum des österreichischen Widerstandes, Franz Mattischek (1915–1939). „… keine Hoffnung auf Milderung", www.doew.at/erinnern/fotos-und-dokumente/1938-1945/aufrechterhaltung-der-manneszucht/franz-mattischek-1915-1939 (3. 5. 2021).

Duden, Widerstand, www.duden.de/rechtschreibung/Widerstand (12. 5. 2021).

Europäische Konvention zum Schutze der Menschenrechte und Grundfreiheiten, 4. 11. 1950, Art. 10, BGBl. 1958/210 i.d.F. BGBl. III 1998/30, dejure.org/gesetze/MRK/10.html (12. 2. 2021).

Ernst Gansinger, Camilla Estermann „zersetzte die Wehrkraft", Katholische Privat-Universität Linz, ku-linz.at/fileadmin/user_upload/Forschung/Jaegerstaetter-Institut/GB_2020_Estermann_Camilla.pdf (25. 2. 2021).

Gedenkstätte Deutscher Widerstand, Widerstand von Sinti und Roma, www.gdw-berlin.de/vertiefung/themen/172-widerstand-von-sinti-und-roma/ (30. 4. 2021).

Gesetzblatt für das Land Österreich Nr. 121, 1. 2. 1939, „Gesetz: Maßnahmen auf dem Gebiete des Schulwesens", alex.onb.ac.at/cgi-content/alex?aid=glo&datum=19390004&seite=00000447 (30. 4. 2021).

Christine Kanzler/Ilse Korotin/Karin Nusko, Revertera, Ida. Gräfin und Widerstandskämpferin, Prinzessin Schwarzenberg, www.univie.ac.at/biografiA/projekt/Widerstandskaempferinnen/Revertera_Ida.html (7. 5. 2021).

Lukas Kohn, Die Internationalen Brigaden, Deutsches Historisches Museum, www.dhm.de/lemo/kapitel/ns-regime/aussenpolitik/internationale-brigaden.html (17. 5. 2021).

KPÖ Oberösterreich, Broschüre über kommunistischen Frauenwiderstand, ooe.kpoe.at/article.php/20070730154043168 (7. 5. 2021).

KPÖ Oberösterreich, Hermine Schleicher (1905–1945), ooe.kpoe.at/article.php/20140215111838474 (23. 7. 2021).

Wolfang Neugebauer, Der österreichische Widerstand 1938–1945, Überblicksbeitrag, Dokumentationsarchiv des österreichischen Widerstandes, www.doew.at/cms/download/2ob0q/wn_widerstand-2.pdf (30. 4. 2021).

Wolfgang Neugebauer, Zur Geschichte der Widerstandsforschung, www.doew.at/cms/download/1o71a/wn_widerstandsforschung.pdf (30. 4. 2021).

Online-Petition Theresia Pesendorfer Platz in Bad Ischl, www.resi-pesendorfer.at/petition (15. 9. 2021)

Personenkomitee »Gerechtigkeit für die Opfer der NS-Militärjustiz«, Denkmal für die Verfolgten der NS-Militärjustiz in Wien, deserteursdenkmal.at/wordpress/Home/ (7. 5. 2021).

Wolfgang Quatember, Die vergessenen Opfer, in: Betrifft Widerstand. Zeitschrift des Zeitgeschichtemuseums Ebensee 42 (1998), web.archive.org/web/20060517020630/, bob.swe.uni-linz.ac.at/Ebensee/Betrifft/42/jehovas42.php (8. 5. 2021).

Ravensbrückerinnen, Häftlingskategorien, www.ravensbrueckerinnen.at/?page_id=591#Roter%20Winkel%20–%20die%20 (13. 5. 2021).

Reichsgesetzblatt Teil 1, 20. 12. 1934, „Gesetz gegen heimtückische Angriffe auf Staat und Partei und zum Schutz der Parteiuniformen", alex.onb.ac.at/cgi-content/alex?aid=dra&datum=1934&size=45&page=1383 (3. 5. 2021).

Reichsgesetzblatt Teil 1, 15. 9. 1935, „Gesetz zum Schutz des deutschen Blutes und der deutschen Ehre", alex.onb.ac.at/cgi-content/alex?aid=dra&datum=1935&page=1288&size=45 (3. 5. 2021).

Gesetzblatt für das Land Österreich Nr. 1091, 14. 9. 1939, „Kriegssonderstrafrechtsverordnung", alex.onb.ac.at/cgi-content/alex?aid=glo&datum=19390004&seite=00004025 (3. 5. 2021).

Johannes Salzig, Das Phänomen der „Sippenhaft" im nationalsozialistischen Deutschland, Konrad Adenauer Stiftung, www.kas.de/de/das-phaenomen-der-sippenhaft-im-nationalsozialistischen-deutschland (20. 1. 2021).

Mathias Schepp, „Ich will Gerechtigkeit". Die Pussy-Riot-Aktivistin Nadeschda Tolokonnikowa über ihre Pläne nach der Haft, Gemeinsamkeiten mit dem Unternehmer Michail Chodorkowski und Zeichnungen ihrer fünfjährigen Tochter, Der Spiegel (2014) 1, 70–73, magazin.spiegel.de/EpubDelivery/spiegel/pdf/124188094 (24. 11. 2020).

Florian Schwanninger, Erinnern und Gedenken in Oberösterreich. Eine historische Skizze der Erinnerungskultur für die Opfer des Nationalsozialismus, in: Oberösterreichisches Landesarchiv (Hg.), Mitteilungen des Oberösterreichischen Landesarchivs 23, Linz 2013, 199–305, www.academia.edu/34897056/Erinnern_und_Gedenken_in_Oberösterreich_Eine_historische_Skizze_der_Erinnerungskultur_für_die_Opfer_des_Nationalsozialismus (15. 5. 2021).

Verein Lila Winkel, Moser Maria, Geb. Viertlbauer, www.lilawinkel.at/moser-maria-geb-viertlbauer/ (3. 5. 2021).

Verein Lila Winkel, Mattischek Theresia, Geb. Schermair, www.lilawinkel.at/mattischek-theresia-geb-schermair/ (3. 5. 2021).

regnum, Graschdanke Avstrii Marija Lantgaler (sic!) posmertno nagraschdena ordenom Muschestwa, 30. 3. 2021, regnum.ru/news/society/3229530.html (15. 5. 2021).

Richard Wall, Vom Widerstand. Die NS-Endphaseverbrechen in Treffling. In Erinnerung an die vor 70 Jahren gegen Kriegsende exekutierten Patrioten und Widerstandskämpfer, www.engerwitzdorf.gv.at/srv/img.ashx?id=1027623767 (3. 5. 2021).

Wege nach Ravensbrück, Aloisia Hofinger, www.wegenachravensbrueck.net/current/hofinger/1.html (20. 6. 2021).

Yad Vashem, The Righteous Among the Nations Database, Frischmuth Edith (Frischmuth), righteous.yadvashem.org/?search=Hauer-Frischmuth&searchType=all&language=en&itemId=4015220&ind=0 (2. 3. 2021).

Yad Vashem, The Righteous Among the Nations Database, Schatz Johann & Maria, righteous.yadvashem.org/?searchType=righteous_only&language=en&itemId=7111981&ind=71 (2. 3. 2021).

Interviews

Interview mit Josef Ehmer, geführt von Elisa Frei/Martina Gugglberger/Alexandra Wachter, 8. 2. 2021.

Interview mit Maria Ehmer, geführt von Peter Kammerstätter, 6. 12. 1986, AStL, NL PK, CD 312 u. 313.

Interview mit Cäcilia (Zilli) Fischill, geführt von Peter Kammerstätter, 6. 2. 1981, AStL, NL PK, CD 317.

Interview mit Margit Kain, geführt von Martina Gugglberger, 14. 1. 2005.

Interview mit Anna Königsecker, geführt von Franz Steinmaßl, 15. 9. 1988, zit. n. Steinmaßl, Hakenkreuz.

Interview mit Paula Mitterhauser, geführt von Martina Gugglberger, 26. 1. 2005.

Interview mit Elsa Moser, Leni Egger und Marianne Feldhammer, geführt von Peter Kammerstätter, ca. 1976, AStL, NL PK, CD 182.

Mündliche Erzählung von Theresia Pfarrwallner, übermittelt per e-Mail von Ernst Dürr an Alexandra Wachter, 18. 6. 2020.

Interview mit Resi Pesendorfer, geführt von Peter Kammerstätter, 22. 10. 1975, AStL, NL PK, CD 158.

Interview mit Gertrude Pfatschbacher (geborene Wampl), geführt von Birgit Kirchmayr, 26. 2. 2003, zit. aus: Kirchmayr, Menschen, 280.

Interview mit Maria Plieseis, geführt von Peter Kammerstätter, ca. 1980, AStL, NL PK, CD 159.

Interview mit Theresia Reindl, geführt von Peter Kammerstätter, 31. 5. 1988, AStL, NL PK, CD 248 u. 249.

Interview mit Dominik Revertera, geführt von Alexandra Wachter, 18. 5. 2021.

Interview mit Franz Stamberg, geführt von Peter Kammerstätter, 1987, AStL, NL PK Sch. 93.

Interview mit Hermine Stumer, geführt von Peter Kammerstätter, ohne Datum, AStL, NL PK Sch. 123.

Interview mit Maria Wagner, geführt von Andreas Schmolmüller, 4. 4. 2003.

Ausstellung

Die Gerechten. Courage ist eine Frage der Entscheidung, Sonderausstellung der österreichischen Freunde von Yad Vashem, zuletzt: Heeresgeschichtlichers Museum Wien 19. 5. – 1. 10. 2021.

Archive

Archiv der Stadt Linz (AStL)
Dokumentationsarchiv des Österreichischen Widerstandes (DÖW)
Geschichtsarchiv – Verein Lila Winkel
Lern- und Gedenkort Schloss Hartheim
Oberösterreichisches Landesarchiv (OÖLA)
Österreichisches Staatsarchiv (ÖStA)
Stadtarchiv Steyr
Archiv des Redemptoristinnen-Ordensklosters St. Anna in Ried im Innkreis
Zeitgeschichtemuseum Ebensee (Zme)

Bildnachweis

Archiv der Stadt Linz (AStL): 10; 25; 40; 64; 83; 87.
Dokumentationsarchiv des österreichischen Widerstandes (DÖW): 11 (06224); 98 (11561 0008); 108 (178 1002).
Archiv Karin Berger: 29; 91.
Oberösterreichisches Landesarchiv (OÖLA):
16 (Sicherheitsdirektion 2607 40);
37 (Reichsbauamt, Sch. 3/4);
62 (LG Linz, KMs 74/4);
81 (OF Sch. 93 ZI. 413/66);
106 (OF Sch. 45, ZI. 104/60).
Österreichisches Staatsarchiv (ÖStA):
7 (AT-OeStA/HHSTA SB FA de Vaux Fotografien 74).
Redemptoristinnen-Ordenskloster St. Anna in Ried im Innkreis: 73.
Verein Lila Winkel: 8.
Peter Kammerstätter, „Resi Pesendorfer zum 80. Geburtstag", Linz 1982: 9; 42.
Privatarchiv Olga A. Borjaschynowa: 116.
Privatarchiv Familie Pfarrwallner: 6; 70.
Privatarchiv Martha Egger: 34; 127.
Privatarchiv Josef Ehmer: 17; 50.
Privatarchiv Alois Emmer: 15; 49.
Privatarchiv Regina Gaigg: 55.
Privatarchiv Alexander de Goederen: 130.
Privatarchiv Martina Gugglberger: 12.
Privatarchiv Anna Hackl: 45; 123.
Privatarchiv Margit Kain: 13; 14; 46; 85.
Privatarchiv Birgit Kirchmayr: 74.
Privatarchiv Anna Krifta: 105.
Privatarchiv Familie Schatz: 4; 113.
Privatarchiv Robert Schindel: 115.
Privatarchiv Elfriede Schober: 5; 67.
Privat Sabrina Kern/Mariel Rodriguez: 132.
Schularchiv HLBLA St. Florian: 129.

Begriffserklärungen

Biografien

Autorinnen

Elisa Frei, MA, Sozialwissenschaftlerin. Wissenschaftliche Mitarbeiterin der Forschungsstelle des Mauthausen Memorial. Forschungsschwerpunkte: Erinnerungs- und Rassismusforschung, Postcolonial Studies, Exilforschung, Widerstand und Verfolgung im Nationalsozialismus.

Martina Gugglberger, Dr.in, Historikerin. Assoziierte Professorin am Institut für Neuere Geschichte und Zeitgeschichte an der Johannes Kepler Universität Linz. Forschungsschwerpunkte: Frauen- und Geschlechtergeschichte, Widerstand gegen den Nationalsozialismus, Biografieforschung, Alpingeschichte, Missionsgeschichte.

Alexandra Wachter, PhD, Historikerin. Wissenschaftliche Mitarbeiterin der Österreichischen Gesellschaft für Zeitgeschichte. Forschungsschwerpunkte: Architektur und Stadtgeschichte, Organisationsgeschichte, Widerstand gegen den Nationalsozialismus, Erinnerungskulturen im (post-)sowjetischen Raum, Geschichte und Trauma.

Unser besonderer Dank geht an:

Alfred Barth, Karin Berger, Manfred Carrington, Ernst Dürr, Josef Ehmer, Regina Gaigg, Gottfried Gansinger, Sonja Gindl, Alexander de Goederen, Josef Goldberger, Heidi Gsell, Anna Hackl, Gabriella Hauch, Michaela Herzog, Brigitte Halbmayr, Nina Höllinger, Doris Hörmann, Schwester Jacinta, Michael John, Birgit Kirchmayr, Andrea Költringer, Norbert Kriechbaum, Anna Krifta, Elisabeth Mayr-Kern, Anton Mitterhauser, Herta Neiß, Wolfgang Quatember, Karl Ramsmaier, Dominik Revertera, Sabine Sammer, Franz Scharf, Maria Schatz, Robert Schindel, Jo Schmeiser, Elfriede Schober, Florian Schwanninger, Rainer Springenschmid, Cornelia Sulzbacher, Florian Wahl, Hans Winkelmeier